야사시이
일본어
문법

야사시이 일본어 문법

지은이 조남성
펴낸이 정규도
펴낸곳 (주)다락원

초판 1쇄 발행 2015년 3월 3일
초판 2쇄 발행 2020년 3월 20일

책임편집 송화록, 임혜련
디자인 하태호, 최영란

다락원 경기도 파주시 문발로 211
내용문의: (02)736-2031 내선 460~466
구입문의: (02)736-2031 내선 250~252
Fax: (02)732-2037
출판등록 1977년 9월 16일 제406-2008-000007호

Copyright ⓒ 2015, 조남성

저자 및 출판사의 허락 없이 이 책의 일부 또는
전부를 무단 복제·전재·발췌할 수 없습니다.
잘못된 책은 바꿔 드립니다.

값 12,000원
ISBN 978-89-277-1121-6 13730

http://www.darakwon.co.kr

- 다락원 홈페이지를 방문하시면 상세한 출판 정보와 함께 동영상강좌,
  MP3 자료 등 다양한 어학 정보를 얻으실 수 있습니다.

야사시이 일본어 문법

활용 중심의 일본어 기초 문법

조남성 지음

기초 문법의 틀을 세워야 문법에서 자유로워진다!

다락원

머 리 말

이 책에서는 기초적인 일본어 문법 사항을 소개합니다. 즉, 명사+だ, 형용사, 형용동사, 동사의 활용 방법을 설명합니다. 이는 바르고 자연스러운 일본어 문장을 만드는데 가장 중요하고 필수적인 사항입니다. 이들 문법 사항은 쓰기뿐만 아니라 말하기, 읽기, 듣기에 바탕이 되는 것으로, 앞으로의 일본어 학습에 커다란 도움이 될 것입니다.

본 책의 특징은 다음과 같습니다.

1. 가나 문자 정도를 습득한 초보 학습자라도 학습이 가능합니다.
2. 문법 사항을 다루고 있지만, 어휘 학습도 고려하여 기초적인 어휘를 제시하고 있습니다.
3. 학습한 문법 사항이 문장 작성에 도움이 되도록, 단문 연습 문제를 중점적으로 제시하고 있습니다.
4. 각각의 활용 사항을 학습하고 나서, 다시 종합적으로 복습하도록 [활용 정리와 연습]의 장을 두었습니다.
5. 진단 테스트와 결과 테스트를 제시하여, 학습 결과를 평가할 수 있도록 했습니다.

이 책에서는 기초적인 문법 사항(활용)을 주로 다루고 있는데, 이는 문법 학습 초기의 학습 부담을 줄이고, 일본어 문법에 쉽게 접근할 수 있도록 했기 때문입니다.

마지막으로 출판에 도움을 주신 다락원 일본어 출판부 여러분에게 감사의 말씀을 전합니다.

저자 조남성

이 책의 구성과 특징

- 일본어 초급자를 대상으로 한 강의용 교재입니다.
- 활용을 중심으로 한 기초 문법 교재입니다.
- 명사 + だ, 형용사, 형용동사, 동사의 활용을 중심으로 학습합니다.
- PART I 에서는 활용을 중심으로 한 문법의 기초를 학습합니다.
- PART II 에서는 PART I 에서 학습한 내용을 정리하고 연습합니다.

PART I

¹ 표: 활용하는 방법을 간단한 표로 나타내서 쉽게 이해할 수 있도록 했습니다.

² ⭐: 학습 내용과 관련된 중요 문법 사항을 실었습니다.

³ 🔔: 추가로 알아두면 좋은 내용을 실었습니다.

⁴ check: 학습한 내용을 문제를 풀면서 확인합니다.

⁵ 새로 나온 단어: 새로 나온 단어를 뜻과 함께 정리했습니다.

⁶ 표현플러스: 활용과 관련된 다양한 표현을 실었습니다.

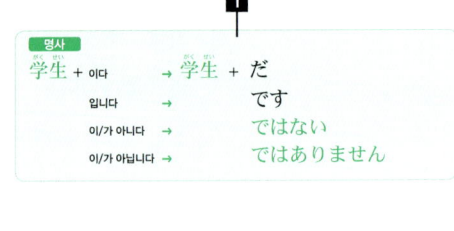

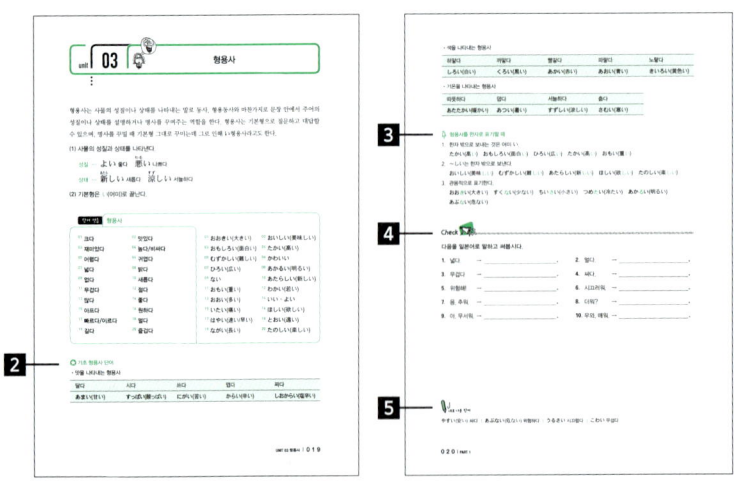

PART II

¹ **정리**: PART I 에서 학습한 내용을 정리합니다.
² **연습**: 정리한 내용을 문제를 풀며 확인합니다.

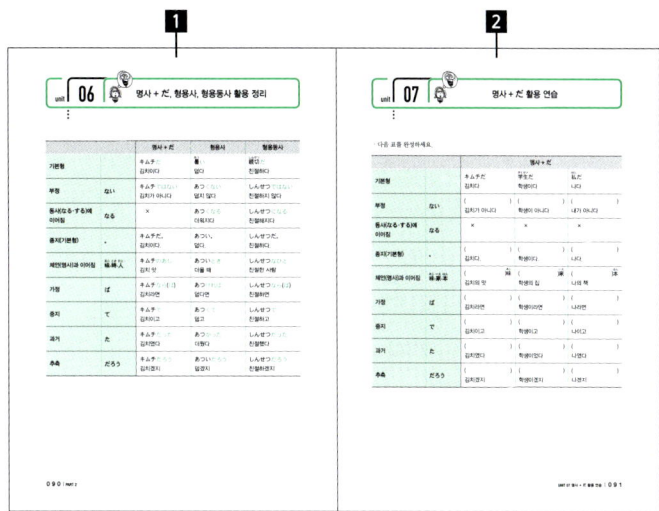

부록

- 학습을 시작하기 전 진단TEST, 학습을 마친 후 결과TEST로 실력을 확인할 수 있습니다.
- 진단TEST, 결과 TEST, check의 정답을 실었습니다.

CONTENTS

PART I 문법의 기초

unit 01	일본어 품사와 문장 구성	012
unit 02	명사	015
unit 03	형용사	019
unit 04	형용동사	021
unit 05	동사	023
unit 06	명사+입니다	027
unit 07	형용사+ㅂ니다	030
unit 08	형용동사+ㅂ니다	033
unit 09	1단동사+ㅂ니다	036
unit 10	5단동사+ㅂ니다	039
unit 11	불규칙동사+ㅂ니다	042
unit 12	명사 수식(명사, 형용사, 형용동사, 동사+명사)	047
unit 13	중지형(명사+だ, 형용사, 형용동사, 1단동사·불규칙동사+고)	049
unit 14	중지형(5단동사+고)	051
unit 15	보통체 과거(명사+だ, 형용사, 형용동사, 1단동사·불규칙동사+ㅆ다)	055
unit 16	보통체 과거(5단동사+ㅆ다)	057
unit 17	보통체 과거 부정(명사+だ, 형용사, 형용동사, 동사+지 않았다)	060
unit 18	부사적 용법(형용사, 형용동사+동사)	062
unit 19	가정(명사+だ, 형용사, 형용동사, 동사+면)	064
unit 20	추측(명사+だ, 형용사, 형용동사, 동사+겠지)	067
unit 21	의지, 권유(동사+자)	069
unit 22	명령	071
unit 23	공손체 과거(명사+だ, 형용사, 형용동사, 동사+ㅆ습니다)	073
unit 24	공손체 과거 부정(명사+だ, 형용사, 형용동사, 동사+지 않았습니다)	075
unit 25	형용사, 형용동사, 동사의 명사형	077
unit 26	가능	079
unit 27	수동, 사역	081

PART II 활용 정리와 연습

unit 01	기본 활용 정리(명사+だ, 형용사, 형용동사, 동사)	084
unit 02	명사+だ 기본 활용 연습	086
unit 03	형용사 기본 활용 연습	087
unit 04	형용동사 기본 활용 연습	088
unit 05	동사 기본 활용 연습	089
unit 06	명사+だ, 형용사, 형용동사 활용 정리	090
unit 07	명사+だ 활용 연습	091
unit 08	형용사 활용 연습	092
unit 09	형용동사 활용 연습	093
unit 10	동사 활용 정리	094
unit 11	1단동사 활용 연습	096
unit 12	5단동사 활용 연습	098
unit 13	불규칙동사 활용 연습	100
unit 14	명사 수식 정리(명사+だ, 형용사, 형용동사, 동사+명사)	103
unit 15	명사 수식 연습(명사+だ, 형용사, 형용동사, 동사+명사)	105

부록

진단 TEST	109
결과 TEST	111
정답	113

PART I

문법의 기초

unit 01 일본어 품사와 문장 구성

● 품사

문법상의 성질에 따라 분류한 단어의 그룹을 품사라고 한다.

단어(単語)〈10품사(品詞)〉				
활용(活用) 없음	명사(名詞)	체언(体言)	대명사, 수사도 포함한다.
	연체사(連体詞)		체언을 꾸미는 역할을 한다.
	부사(副詞)		
	감동사(感動詞)		
	접속사(接続詞)		
	조사(助詞)		
활용 있음	동사(動詞)	용언(用言)	
	형용사(形容詞)		い형용사라고도 한다.
	형용동사(形容動詞)		な형용사라고도 한다.
	조동사(助動詞)		용언, 체언, 조동사, 조사에 이어 쓴다.

* 명사는 용언과 대비해서 체언이라고 한다. 즉 '명사=체언'이다.
* 활용이 있는 단어는 어간(語幹)과 어미(語尾)로 이루어져 있는데, 어간은 활용할 때 바뀌지 않는 부분이고, 어미는 바뀌는 부분이다.
* 국문법(国文法 : 일본 중·고등학교에서 배우는 문법)에서의 '형용사, 형용동사'는 일본어교육에서의 문법(외국인에게 일본어를 가르치는 경우)에서는 일반적으로 각각 'い형용사, な형용사'라고도 한다. 이는 체언에 이어질 때 어미가 바뀌는 형태에서 온 말이다.
* 일본어 형용사와 형용동사는 사람이나 사물의 성질, 상태를 나타내는 말로 한국어 형용사와 대부분 대응된다.

● 문장 구성

일본어 문장은 기본적으로 아래와 같은 활용 있는 단어(명사+だ, 형용사, 형용동사, 동사)로 끝난다.

대체로 이들 문장 끝에 조동사(또는 조사) 등이 이어지는 것이 보통이다.

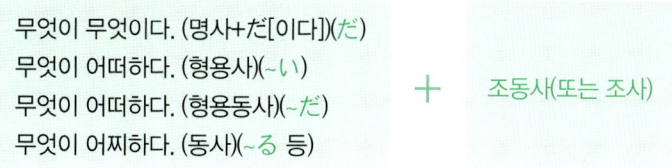

그리고 명사+だ[이다](だ), 형용사(~い), 형용동사(~だ), 동사(~る 등)는 조동사, 조사뿐만 아니라 명사에도 이어지고, 형용사(~い), 형용동사(~だ)는 동사에도 이어진다.

이 경우 초록색 글자 부분이 규칙적으로 바뀐다. 이 책에서는 이 규칙적인 변화(활용)를 주로 배운다.

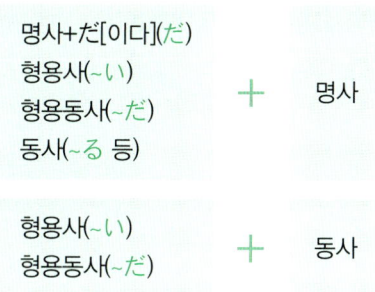

일본어와 한국어의 어순은 거의 같다. 따라서 문장이 끝나는 부분에 오는 명사+だ, 형용사, 형용동사, 동사의 활용을 익히면, 자유롭게 일본어 문장을 만들 수 있다.

명사 + だ 문장	일본어	私	は	韓国人	だ	。
	한국어	나	는	한국인	이다	.

형용사 문장	일본어	この	店	の	すし	は	おいしい	。
	한국어	이	가게	의	초밥	은	맛있다	.

형용동사 문장	일본어	彼	は	日本	でも	とても	有名だ	。
	한국어	그	는	일본	에서도	매우	유명하다	.

동사 문장	일본어	日本語	の	文法	を	勉強する	。
	한국어	일본어	의	문법	을	공부하다	.

명사+だ(韓国人だ)와 형용동사(有名だ)의 だ는 기능은 다르지만 형태가 같아서, 거의 같게 활용하기 때문에 학습이 용이하다.

Check

다음 설명이 바르면 ○표, 틀리면 ×표 하세요.

1. 일본어 품사는 10종류로 분류한다. ( )
2. 일본어 용언에는 동사, 형용사, 형용동사가 있다. ( )
3. 일본어 형용동사는 대부분 한국어 형용사에 해당한다. ( )
4. 일본어 명사는 체언과 같으며, 대명사, 수사를 모두 포함한다. ( )
5. 일본어 조동사는 기본적으로 활용을 하지 않는다. ( )

unit 02 명사

명사는 사람이나 사물의 이름을 나타내는 단어로 체언이라고도 한다. 명사의 종류에는 보통명사, 고유명사, 수사, 대명사가 있다. 대명사에는 사람을 가리키는 인칭대명사와 사물·장소·방향을 가리키는 지시대명사가 있다.

종류			예			
보통명사(普通名詞)			学校 학교　　猫 고양이　　本 책			
고유명사(固有名詞)			韓国 한국　　ソウル 서울　　日本 일본　　東京 도쿄			
수사(数詞)			一つ 하나　　一人 한 사람　　一度 한 번			
명사 (체언)	대명사 (代名詞)	인칭대명사 (人称代名詞)	1인칭	2인칭	3인칭	부정칭
			わたくし 나, 저	あなた 당신	かれ 그 남자	どなた 어느 분
			わたし 나, 저	きみ 당신, 자네	かのじょ 그 여자	だれ 누구
			ぼく 나	おまえ 당신, 자네		
			おれ 나			
		지시대명사 (指示代名詞)	이-	그-	저(그)-	어느-
			사물	これ 이것	それ 그것	あれ 저것	どれ 어느 것
			장소	ここ 여기	そこ 거기	あそこ 저기	どこ 어디
			방향	こっち こちら 이쪽	そっち そちら 그쪽	あっち あちら 저쪽	どっち どちら 어느 쪽

⭐ 일본어의 こ-, そ-, あ-, ど-는 한국어의 '이-, 그-, 저(그)-, 어느-'에 해당한다.

	이-	그-	저(그)-	어느-
명사와 이어짐	この 이	その 그	あの 저	どの 어느
상태	こんな 이러한	そんな 그러한	あんな 저러한	どんな 어떤
방법	こう 이렇게	そう 그렇게	ああ 저렇게	どう 어떻게

단어 연습 | 명사

1 학생
2 대학교
3 일본어
4 문법
5 수업
6 공부
7 벚꽃
8 후지산
9 지진
10 초밥
11 우동
12 라면
13 돈가스
14 커피
15 햄버거
16 컴퓨터(PC)
17 메일 주소
18 휴대전화
19 인터넷
20 홈페이지

1 がくせい(学生)
2 だいがく(大学)
3 にほんご(日本語)
4 ぶんぽう(文法)
5 じゅぎょう(授業)
6 べんきょう(勉強)
7 さくら
8 ふじさん(富士山)
9 じしん(地震)
10 すし(寿司)
11 うどん
12 ラーメン
13 とんかつ
14 コーヒー
15 ハンバーガー
16 パソコン
17 メールアドレス
18 けいたい
19 インターネット
20 ホームページ

⭐ 수(数)

• 수를 나타내는 표현

0	1	2	3	4	5
れい・ゼロ 영	いち(一) 일	に(二) 이	さん(三) 삼	よん・し(四) 사	ご(五) 오
	ひとつ(一つ) 하나, 한 개	ふたつ(二つ) 둘, 두 개	みっつ(三つ) 셋, 세 개	よっつ(四つ) 넷, 네 개	いつつ(五つ) 다섯, 다섯 개

6	7	8	9	10	
ろく(六) 육	しち・なな(七) 칠	はち(八) 팔	きゅう・く(九) 구	じゅう(十) 십	
むっつ(六つ) 여섯, 여섯 개	ななつ(七つ) 일곱, 일곱 개	やっつ(八つ) 여덟, 여덟 개	ここのつ(九つ) 아홉, 아홉 개	とお(十) 열, 열 개	いくつ 몇 개

11	12	20	30	40
じゅういち(十一) 십일	じゅうに(十二) 십이	にじゅう(二十) 이십	さんじゅう(三十) 삼십	よんじゅう(四十) 사십

100	200	300	1,000	10,000
ひゃく(百) 백	にひゃく(二百) 이백	さんびゃく(三百) 삼백	せん(千) 천	いちまん(一万) 만

• 시간을 나타내는 표현

~じ(時) ~시							
いちじ (1時)	にじ (2時)	さんじ (3時)	よじ (4時)	ごじ (5時)	ろくじ (6時)	なんじ (何時) 몇 시
しちじ (7時)	はちじ (8時)	くじ (9時)	じゅうじ (10時)	じゅういちじ (11時)	じゅうにじ (12時)	

• 사람을 세는 표현

~にん(人) ~명							
ひとり (1人)	ふたり (2人)	さんにん (3人)	よにん (4人)	ごにん (5人)		なんにん (何人) 몇 명
ろくにん (6人)	ななにん・しちにん (7人)	はちにん (8人)	きゅうにん (9人)	じゅうにん (10人)		

• 나이를 세는 표현

~さい(歳・才) ~살							
いっさい (1歳)	にさい (2歳)	さんさい (3歳)	よんさい (4歳)	ごさい (5歳)	ろくさい (6歳)	いくつ/ なんさい (何歳) 몇 살
ななさい (7歳)	はっさい (8歳)	きゅうさい (9歳)	じゅっさい (10歳)	はたち (20歳)	さんじゅっさい (30歳)	

Check

다음을 일본어로 말하고 써봅시다.

1. **A:** 이거 뭐야? → **A:** _____ 。

   B: 커피. **B:** _____ 。

2. **A:** 지금 어디야? → **A:** _____ 。

   B: 학교. **B:** _____ 。

3. **A:** 어느 것? → **A:** _____
   B: 이것.   **B:** _____

4. **A:** 어느 쪽? → **A:** _____
   B: 이 쪽.   **B:** _____

5. **A:** 몇 시? → **A:** _____
   B: 한 시.   **B:** _____

6. **A:** 몇 사람? → **A:** _____
   B: 한 사람, 두 사람, 세 사람.   **B:** _____

7. **A:** 몇 개? → **A:** _____
   B: 한 개.   **B:** _____

8. **A:** 몇 살? → **A:** _____
   B: 스무 살.   **B:** _____

9. **A:** 대학 어디야? → **A:** _____
   B: 한국대학.   **B:** _____

10. 나, 라면. → _____

새로 나온 단어

なに(何) 무엇 | いま(今) 지금

unit 03 형용사

형용사는 사물의 성질이나 상태를 나타내는 말로 동사, 형용동사와 마찬가지로 문장 안에서 주어의 성질이나 상태를 설명하거나 명사를 꾸며주는 역할을 한다. 형용사는 기본형으로 질문하고 대답할 수 있으며, 명사를 꾸밀 때 기본형 그대로 꾸미는데 그로 인해 い형용사라고도 한다.

(1) 사물의 성질과 상태를 나타낸다.

성질 … よい 좋다   悪(わる)い 나쁘다
상태 … 新(あたら)しい 새롭다   涼(すず)しい 서늘하다

(2) 기본형은 い(어미)로 끝난다.

단어 연습 | 형용사

01 크다	02 맛있다	01 おおきい(大きい)	02 おいしい(美味しい)
03 재미있다	04 높다/비싸다	03 おもしろい(面白い)	04 たかい(高い)
05 어렵다	06 귀엽다	05 むずかしい(難しい)	06 かわいい
07 넓다	08 밝다	07 ひろい(広い)	08 あかるい(明るい)
09 없다	10 새롭다	09 ない	10 あたらしい(新しい)
11 무겁다	12 젊다	11 おもい(重い)	12 わかい(若い)
13 많다	14 좋다	13 おおい(多い)	14 いい・よい
15 아프다	16 원하다	15 いたい(痛い)	16 ほしい(欲しい)
17 빠르다/이르다	18 멀다	17 はやい(速い/早い)	18 とおい(遠い)
19 길다	20 즐겁다	19 ながい(長い)	20 たのしい(楽しい)

⭐ 기초 형용사 단어

• 맛을 나타내는 형용사

달다	시다	쓰다	맵다	짜다
あまい(甘い)	すっぱい(酸っぱい)	にがい(苦い)	からい(辛い)	しおからい(塩辛い)

• 색을 나타내는 형용사

하얗다	까맣다	빨갛다	파랗다	노랗다
しろい(白い)	くろい(黒い)	あかい(赤い)	あおい(青い)	きいろい(黄色い)

• 기온을 나타내는 형용사

따뜻하다	덥다	서늘하다	춥다
あたたかい(暖かい)	あつい(暑い)	すずしい(涼しい)	さむい(寒い)

📌 **형용사를 한자로 표기할 때**

1. 한자 밖으로 보내는 것은 어미 い.
   たかい(高い) おもしろい(面白い) ひろい(広い) たかい(高い) おもい(重い)
2. ~しい는 한자 밖으로 보낸다.
   おいしい(美味しい) むずかしい(難しい) あたらしい(新しい) ほしい(欲しい) たのしい(楽しい)
3. 관용적으로 표기한다.
   おおきい(大きい) すくない(少ない) ちいさい(小さい) つめたい(冷たい) あかるい(明るい)
   あぶない(危ない)

Check

다음을 일본어로 말하고 써봅시다.

1. 넓다. → _____ 。
2. 멀다. → _____ 。
3. 무겁다. → _____ 。
4. 싸다. → _____ 。
5. 위험해! → _____ 。
6. 시끄러워. → _____ 。
7. 음, 추워. → _____ 。
8. 더워? → _____ 。
9. 아, 무서워. → _____ 。
10. 우와, 매워. → _____ 。

✏️ **새로 나온 단어**

やすい(安い) 싸다 | あぶない(危ない) 위험하다 | うるさい 시끄럽다 | こわい 무섭다

unit 04 형용동사

형용동사는 상태나 감정을 나타내는 말로 동사, 형용사와 마찬가지로 문장 안에서 주어의 성질이나 상태를 설명하거나 명사를 꾸며주는 역할을 한다. 형용동사는 기본형으로 질문하고 대답할 수 있으며, 이 때 어미 だ를 생략할 수 있다. 형용동사가 명사를 꾸밀 때 기본형 だ가 な로 바뀌는데 그로 인해 な형용사라고도 한다.

(1) 사물의 성질과 상태를 나타낸다.

성질 … 素直(すなお)だ 솔직하다   静(しず)かだ 조용하다
상태 … 好(す)きだ 좋아하다   嫌(きら)いだ 싫어하다

(2) 기본형은 だ(어미)로 끝난다.

단어 연습 | 형용동사

01 좋아하다	02 싫어하다	01 すきだ(好きだ)	02 きらいだ(嫌いだ)
03 능숙하다	04 서투르다	03 じょうずだ(上手だ)	04 へただ(下手だ)
05 큰일이다	06 성실하다	05 たいへんだ(大変だ)	06 まじめだ
07 건강하다	08 변화하다	07 げんきだ(元気だ)	08 にぎやかだ
09 조용하다	10 소중하다	09 しずかだ(静かだ)	10 たいせつだ(大切だ)
11 유명하다	12 훌륭하다	11 ゆうめいだ(有名だ)	12 りっぱだ(立派だ)
13 친절하다	14 예쁘다, 깨끗하다	13 しんせつだ(親切だ)	14 きれいだ
15 간단하다	16 필요하다	15 かんたんだ(簡単だ)	16 ひつようだ(必要だ)
17 편리하다	18 무리다	17 べんりだ(便利だ)	18 むりだ(無理だ)
19 급하다	20 편하다	19 きゅうだ(急だ)	20 らくだ(楽だ)

* きれいだ, きらいだ는 어미 だ를 생략하면 きれい, きらい가 되어서, 형용사로 잘못 사용하는 경우가 많으므로 주의한다.

Check

다음을 일본어로 말하고 써봅시다.

1. 조용하다. → _____。
2. 서투르다. → _____。
3. 아, 큰일이다. → _____。
4. 모두 친절하다. → _____。
5. 그녀는 예쁘다. → _____。
6. 이건 간단하다. → _____。
7. 이거 무리다. → _____。
8. 여긴 유명하다. → _____。
9. 가장 편하다. → _____。
10. 감기 괜찮아? → _____。

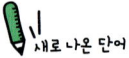

みんな 모두 | ~は ~은, 는 | いちばん(一番) 가장 | かぜ(風邪) 감기 | だいじょうぶだ(大丈夫だ) 괜찮다

unit 05 동사

동사는 사람이나 사물의 동작, 작용, 존재를 나타내는 말로 형용사, 형용동사와 마찬가지로 문장 안에서 주어의 동작, 작용을 나타낸다. 일본어 동사는 기본형으로 질문하고 대답할 수 있으며, 활용 방법에 따라 1단동사, 5단동사, 불규칙동사로 나뉜다.

(1) 사물의 동작, 작용, 존재를 나타낸다.

동작 … 動く 움직이다   来る 오다

작용 … 降る 내리다   咲く 피다

존재 … ある 있다   いる 있다

(2) 기본형은 う[u]단으로 끝난다.

う[u]단: 習う   咲く   落とす   打つ   死ぬ
　　　　[narau] [saku] [otosu] [utsu] [sinu]

　　　　読む   食べる   泳ぐ   学ぶ
　　　　[yomu] [taberu] [oyogu] [manabu]

(3) 활용 방법에 따라서 3종류로 나눌 수 있다.

① 1단동사: i る, e る 형태의 것. (단어가 る로 끝나며 그 앞에 모음이 i 또는 e가 오는 것)

　　みる(見る) 보다   たべる(食べる) 먹다
　　[miru]   [taberu]

② 5단동사: 1단동사, 불규칙동사 이외의 것.

　　習う 배우다   咲く 피다   落とす 떨어뜨리다   打つ 치다
　　死ぬ 죽다   読む 읽다   ある 있다   降る 내리다   おる 있다
　　泳ぐ 헤엄치다   学ぶ 배우다

③ 불규칙동사: 2개뿐임.

　　する 하다   来る 오다

단어 연습 | 1단동사

01 일어나다	02 내리다	01 おきる(起きる)	02 おりる(降りる)
03 할 수 있다	04 빌리다	03 できる	04 かりる(借りる)
05 있다(사람)	06 입다	05 いる	06 きる(着る)
07 보다	08 떨어지다	07 みる(見る)	08 おちる(落ちる)
09 지나다	10 닮다	09 すぎる(過ぎる)	10 にる(似る)
11 먹다	12 생각하다	11 たべる(食べる)	12 かんがえる(考える)
13 열다	14 자다	13 あける(開ける)	14 ねる(寝る)
15 기억하다	16 대답하다	15 おぼえる(覚える)	16 こたえる(答える)
17 나가다, 나오다	18 넣다	17 でる(出る)	18 いれる(入れる)
19 가르치다	20 받다	19 おしえる(教える)	20 うける(受ける)

단어 연습 | 5단동사

01 쓰다	02 걷다	01 かく(書く)	02 あるく(歩く)
03 헤엄치다	04 말하다	03 およぐ(泳ぐ)	04 いう(言う)
05 만나다	06 사다	05 あう(会う)	06 かう(買う)
07 일어서다	08 기다리다	07 たつ(立つ)	08 まつ(待つ)
09 앉다	10 타다	09 すわる(座る)	10 のる(乗る)
11 읽다	12 마시다	11 よむ(読む)	12 のむ(飲む)
13 죽다	14 놀다	13 しぬ(死ぬ)	14 あそぶ(遊ぶ)
15 날다	16 이야기하다	15 とぶ(飛ぶ)	16 はなす(話す)
17 찾다	18 가다	17 さがす(探す)	18 いく(行く)
19 있다	20 (눈·비)내리다	19 ある	20 ふる(降る)

단어 연습 | 불규칙동사

01 하다	02 오다	01 する	02 くる(来る)

* する 동사의 종류

和語(고유 일본어): うわさする 소문내다 あくびする 하품하다

漢語(한자어): 勉強する 공부하다 電話する 전화하다

外来語(외래어): タッチする 터치하다 キャッチする 캐치하다

✪ 예외적으로 1단동사가 5단동사에 해당하는 것.

要る 필요하다	限る 한하다	帰る 되돌아가다, 되돌아오다
切る 자르다	知る 알다	しゃべる 이야기하다, 수다 떨다
滑る 미끄러지다	散る 흩어지다	入る 들어가다, 들어오다
走る 달리다	減る 줄다	参る 가다, 오다

📌 동사를 한자로 표기할 때

1. 한자 밖으로 보내는 것은 어미이고, 1단동사는 2자, 5단동사는 1자가 어미이다. 1단동사가 2자인 경우는 1자만 한자 밖으로 보낸다.
    ① 1단동사: おきる(起きる)、おりる(降りる)、たべる(食べる)、かんがえる(考える)、みる(見る)、にる(似る)
    ② 5단동사: かく(書く)、あるく(歩く)、およぐ(泳ぐ)、いう(言う)、あう(会う)
    ③ 불규칙동사: くる(来る)
    * 帰る(かえる), 走る(はしる) 등은 예외의 5단동사이다. 이에 帰える, 走しる가 아니고 帰る, 走る로 표기되고 있다.
2. 味わう, 異なる 등과 같이 예외적이거나, 起こる(起る), 落とす(落す), 暮らす(暮す), 当たる(当る), 終わる(終る), 変わる(変る)처럼 양쪽이 허용되는 것도 있다.

Check

A 다음의 동사를 분류해 봅시다.

   예) ある — (1단 / **5단** / 불규칙)

1. すわる(座る) — (1단 / 5단 / 불규칙)
2. おきる(起きる) — (1단 / 5단 / 불규칙)
3. いる — (1단 / 5단 / 불규칙)
4. みる(見る) — (1단 / 5단 / 불규칙)
5. ふる(降る) — (1단 / 5단 / 불규칙)
6. たべる(食べる) — (1단 / 5단 / 불규칙)
7. かんがえる(考える) — (1단 / 5단 / 불규칙)
8. のる(乗る) — (1단 / 5단 / 불규칙)
9. まつ(待つ) — (1단 / 5단 / 불규칙)
10. よむ(読む) — (1단 / 5단 / 불규칙)
11. いく(行く) — (1단 / 5단 / 불규칙)
12. する — (1단 / 5단 / 불규칙)
13. くる(来る) — (1단 / 5단 / 불규칙)
14. べんきょうする(勉強する) — (1단 / 5단 / 불규칙)
15. かえる(帰る) — (1단 / 5단 / 불규칙)

B 일본어로 말하고 써봅시다.

1. 생각하다. → _____。
2. 만나다. → _____。
3. 공부하다. → _____。
4. 아침밥 먹다. → _____。
5. 뭐 마실래? 맥주? 소주? → _____。
6. A: 해? → A: _____。
   B: 음, 해.   B: _____。
7. A: 언제 먹어? → A: _____。
   B: 나중에.   B: _____。
8. A: 어디 가? → A: _____。
   B: 화장실.   B: _____。
9. A: 이제부터 뭐 해? → A: _____。
   B: 리포트 써.   B: _____。
10. A: 언제 가? → A: _____。
    B: 지금.   B: _____。

새로 나온 단어

あさごはん(朝ご飯) 아침밥 | ビール 맥주 | しょうちゅう(焼酎) 소주 | やる 하다 | いつ 언제 | あとで(後で) 나중에
トイレ 화장실 | これから 이제부터 | レポート 리포트

unit 06 명사 + 입니다

명사

学生(がくせい) + 이다 → 学生(がくせい) + だ
　　　　입니다 → です
　　　　이/가 아니다 → ではない
　　　　이/가 아닙니다 → ではありません

	보통체	공손체
긍정형	학생이다 学生(がくせい)だ	학생입니다 学生(がくせい)です
부정형	학생이 아니다 学生(がくせい)ではない ＝じゃ(축약형)	학생이 아닙니다 学生(がくせい)ではありません ＝じゃ(축약형)

명사의 보통체를 의문문으로 만들 때는 명사의 끝을 올려서 발음한다. 명사+か의 형태도 같은 의문문이지만 직설적인 표현이라 많이 사용하지 않는다.
学生(がくせい)？ 학생?(○)　学生(がくせい)か？(△)

명사의 공손체를 의문문으로 만들 때는 문장 끝에 か를 붙이면 된다.
学生(がくせい)です。학생입니다. → 学生(がくせい)ですか。학생입니까?
学生(がくせい)ではありません。학생이 아닙니다. → 学生(がくせい)では(=じゃ)ありませんか。학생이 아닙니까?

Check

A 다음 표를 완성하세요.

1.

	보통체	공손체
긍정형	お菓子だ 과자다	(　　　　　　　　) 과자입니다
부정형	(　　　　　　　　) 과자가 아니다	(　　　　　　　　) 과자가 아닙니다

2.

	보통체	공손체
긍정형	ラーメンだ 라면이다	(　　　　　　　　) 라면입니다
부정형	(　　　　　　　　) 라면이 아니다	(　　　　　　　　) 라면이 아닙니다

3.

	보통체	공손체
긍정형	一つだ 하나다	(　　　　　　　　) 하나입니다
부정형	(　　　　　　　　) 하나가 아니다	(　　　　　　　　) 하나가 아닙니다

B 일본어로 말하고 써봅시다.

1. 고양이다. → _____。
2. 역입니다. → _____。
3. 김치입니다. → _____。
4. 이것은 무엇입니까? → _____。
5. 여기가 아니다. → _____。
6. 나는 중국인이 아닙니다. → _____。
7. 이게 아니다. → _____。
8. 아니 그게 아닙니다. → _____。
9. 토마토는 과일이 아니다. → _____。
10. 앗, 지진이다. → _____。

새로 나온 단어

えき(駅) 역 | キムチ 김치 | ちゅうごくじん(中国人) 중국인 | いいえ 아니(오) | トマト 토마토 | くだもの(果物) 과일

unit 07 　형용사 + ㅂ니다

형용사

暑い 덥다 → あつい
　　　ㅂ니다 → あつい です
　　　지 않다 → あつ くない
　　　지 않습니다 → あつ くないです

	보통체	공손체
긍정형	덥다 暑い	덥습니다 暑いです
부정형	덥지 않다 暑くない	덥지 않습니다 暑くないです

형용사 보통체를 의문문으로 만들 때 형용사의 끝을 올려서 발음한다. 형용사+か의 형태도 같은 의문문이지만 직설적인 표현이라 많이 사용하지 않는다.
暑い？(○) 더워?　暑いか？(△)

형용사의 공손체를 의문문으로 만들 때는 문장 끝에 か를 붙이면 된다.
暑いです。덥습니다 → 暑いですか。덥습니까?
暑くないです。덥지 않습니다 → 暑くないですか。덥지 않습니까?

A 다음 표를 완성하세요.

1.

	보통체	공손체
긍정형	遠い 멀다	(　　　　　　　　) 멉니다
부정형	(　　　　　　　　) 멀지 않다	(　　　　　　　　) 멀지 않습니다

2.

	보통체	공손체
긍정형	難しい 어렵다	(　　　　　　　　) 어렵습니다
부정형	(　　　　　　　　) 어렵지 않다	(　　　　　　　　) 어렵지 않습니다

3.

	보통체	공손체
긍정형	おもしろい 재미있다	(　　　　　　　　) 재미있습니다
부정형	(　　　　　　　　) 재미있지 않다	(　　　　　　　　) 재미있지 않습니다

B 일본어로 말하고 써봅시다.

1. 학교가 크다. → _____。
2. 좋습니까? → _____。
3. 이건 비싸지 않다. → _____。
4. 빨갛지 않습니다. → _____。
5. 맵습니다. → _____。
6. 안 추워? → _____。
7. 정말로 달다. → _____。
8. 무겁지 않다. → _____。
9. 아프지 않습니까? → _____。
10. 학생식당은 맛있어? → _____。

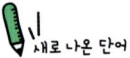

ほんとうに(本当に) 정말 | がくしょく(学食) 학생식당(学生食堂(がくせいしょくどう)의 준말)

unit 08 형용동사 + ㅂ니다

형용동사

好きだ 좋아하다 → すき だ
ㅂ니다 → すき です
지 않다 → すき ではない
지 않습니다 → すき ではありません

	보통체	공손체
긍정형	좋아하다 好きだ	좋아합니다 好きです
부정형	좋아하지 않다 好きではない = じゃ(축약형)	좋아하지 않습니다 好きではありません = じゃ(축약형)

형용동사 보통체를 의문문으로 만들 때 형용동사의 끝을 올려서 발음한다. 형용동사+か의 형태도 같은 의문문이지만 직설적인 표현이라 많이 사용하지 않는다.
好き？(○) 좋아해?　好きか？(△)　好きだか？(×)　好きだ？(×)

형용동사의 공손체를 의문문으로 만들 때는 문장 끝에 か를 붙이면 된다.
好きです。좋아합니다. → 好きですか。좋아합니까?
好きではありません。좋아하지 않습니다. → 好きでは(=じゃ)ありませんか。좋아하지 않습니까?

Check

A 다음 표를 완성하세요.

1.

	보통체	공손체
긍정형	有名だ 유명하다	(　　　　　　　) 유명합니다
부정형	(　　　　　　　) 유명하지 않다	(　　　　　　　) 유명하지 않습니다

2.

	보통체	공손체
긍정형	まじめだ 성실하다	(　　　　　　　) 성실합니다
부정형	(　　　　　　　) 성실하지 않다	(　　　　　　　) 성실하지 않습니다

3.

	보통체	공손체
긍정형	立派だ 훌륭하다	(　　　　　　　) 훌륭합니다
부정형	(　　　　　　　) 훌륭하지 않다	(　　　　　　　) 훌륭하지 않습니다

B 일본어로 말하고 써봅시다.

1. 싫어하다. → _____。
2. 잘합니까? → _____。
3. 서투르지 않습니까? → _____。
4. 조용하지 않다. → _____。
5. 난 괜찮아. → _____。
6. 아니, 그다지 깨끗하지 않습니다. → _____。
7. 이것은 편리합니까? → _____。
8. 그는 친절하지 않습니다. → _____。
9. 아주 간단합니다. → _____。
10. 예뻐? → _____。

📌 명사+だ와 형용동사(~だ)

한자어 친절, 편리, 유명, 간단, 자연 등은 명사이나, 한자어+だ(어미) 형태로 상태를 나타내는 형용동사로 사용되는 것이 많다.

명사 + だ (~이다)	형용동사(~だ)
지하철이다 地下鉄だ	(×)지하철하다 地下鉄だ
친절이다 親切だ	친절하다 親切だ
건강이다 健康だ	건강하다 健康だ
자연이다 自然だ	자연스럽다 自然だ

명사 + だ : 大事なことは健康だ。 중요한 것은 건강이다.('건강이다'라고 단정하고 있다.)
형용동사 : とても健康だ。 매우 건강하다.('건강하다'라는 상태를 나타내고 있다.)
명사 + だ : 山や川は自然だ。 산과 강은 자연이다.('자연이다'라고 단정하고 있다.)
형용동사 : その考えは自然だ。 그 생각은 자연스럽다.('자연스럽다'라는 상태를 나타내고 있다.)

✏️ 새로 나온 단어

あまり 그다지 | とても 아주, 매우

unit 09  1단동사 + ㅂ니다

1단동사
起きる 일어나 다 → おき る *る 탈락시킴
지 않다 → おき ない
ㅂ니다 → おき ます
지 않습니다 → おき ません

	보통체	공손체
긍정형	일어나다 起きる	일어납니다 起きます
부정형	일어나지 않다 起きない	일어나지 않습니다 起きません

동사 보통체를 의문문으로 만들 때 동사의 끝을 올려서 발음한다. 동사 + か의 형태도 같은 의문문이지만 직설적인 표현이라 많이 사용하지 않는다.
起きる？(○) 일어나? 起きるか？(△)

동사의 공손체를 의문문으로 만들 때는 문장 끝에 か를 붙이면 된다.
起きます。일어납니다. → 起きますか。일어납니까?
起きません。일어나지 않습니다. → 起きませんか。일어나지 않습니까?

A 다음 표를 완성하세요.

1.

	보통체	공손체
긍정형	着る 입다	(　　　　　　) 입습니다
부정형	(　　　　　　) 입지 않다	(　　　　　　) 입지 않습니다

2.

	보통체	공손체
긍정형	考える 생각하다	(　　　　　　) 생각합니다
부정형	(　　　　　　) 생각하지 않다	(　　　　　　) 생각하지 않습니다

3.

	보통체	공손체
긍정형	くれる 주다(다른 사람이 자신에게)	(　　　　　　) 줍니다
부정형	(　　　　　　) 주지 않다	(　　　　　　) 주지 않습니다

B 일본어로 말하고 써봅시다.

1. 할 수 있다. → _____。
2. 빌립니다. → _____。
3. 안 먹다. → _____。
4. 자지 않습니다. → _____。
5. 보지 않습니다. → _____。
6. 먹어? → _____。
7. 여기에 넣습니까? → _____。
8. 떨어지지 않다. → _____。
9. 여기서 내립니까? → _____。
10. A: 언제 일어납니까? → A: _____。
    B: 6시.　　　　　　　　 B: _____。

새로 나온 단어

~で ~(에)서

unit 10　5단동사 + ㅂ니다

5단동사

読む 읽다　→　よ **む**　　　　　　　　　[u]

　　　지 않다　→　よ **ま** ない　　　　　[u] → [a]

　　　ㅂ니다　→　よ **み** ます　　　　　[u] → [i]
　　　　　　　　　　　↓
　　　지 않습니다　→　よ み **ません**

	보통체	공손체
긍정형	읽다 読む	읽습니다 読みます
부정형	읽지 않다 読まない	읽지 않습니다 読みません

동사 보통체를 의문문으로 만들 때 동사의 끝을 올려서 발음한다. 동사 + か의 형태도 같은 의문문이지만 직설적인 표현이라 많이 사용하지 않는다.
読む？(○) 읽어?　読むか？(△)

동사의 공손체를 의문문으로 만들 때는 문장 끝에 か를 붙이면 된다.
読みます。읽습니다.　→　読みます**か**。읽습니까?
読みません。읽지 않습니다.　→　読みません**か**。읽지 않습니까?

Check

A 다음 표를 완성하세요.

1.

	보통체	공손체
긍정형	泳ぐ 헤엄치다	(　　　　　　　) 헤엄칩니다
부정형	(　　　　　　　) 헤엄치지 않다	(　　　　　　　) 헤엄치지 않습니다

2.

	보통체	공손체
긍정형	送る 보내다	(　　　　　　　) 보냅니다
부정형	(　　　　　　　) 보내지 않다	(　　　　　　　) 보내지 않습니다

3.

	보통체	공손체
긍정형	聞く 듣다	(　　　　　　　) 듣습니다
부정형	(　　　　　　　) 듣지 않다	(　　　　　　　) 듣지 않습니다

B 일본어로 말하고 써봅시다.

1. 기다립니다. → ＿＿＿＿＿＿＿＿＿＿＿＿＿＿＿＿＿＿＿＿＿。
2. 사지 않다. → ＿＿＿＿＿＿＿＿＿＿＿＿＿＿＿＿＿＿＿＿＿。
3. 만나지 않습니다. → ＿＿＿＿＿＿＿＿＿＿＿＿＿＿＿＿＿＿＿＿＿。
4. 함께 놀지 않겠습니까? → ＿＿＿＿＿＿＿＿＿＿＿＿＿＿＿＿＿＿＿＿＿。
5. 지하철을 타지 않는다. → ＿＿＿＿＿＿＿＿＿＿＿＿＿＿＿＿＿＿＿＿＿。
6. 왜 신문을 읽지 않습니까? → ＿＿＿＿＿＿＿＿＿＿＿＿＿＿＿＿＿＿＿＿＿。
7. 나는 이야기하지 않는다. → ＿＿＿＿＿＿＿＿＿＿＿＿＿＿＿＿＿＿＿＿＿。
8. 마셔? → ＿＿＿＿＿＿＿＿＿＿＿＿＿＿＿＿＿＿＿＿＿。
9. 안 가? → ＿＿＿＿＿＿＿＿＿＿＿＿＿＿＿＿＿＿＿＿＿。
10. 난 모른다. → ＿＿＿＿＿＿＿＿＿＿＿＿＿＿＿＿＿＿＿＿＿。

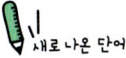

いっしょに(一緒に) 함께 ｜ ちかてつ(地下鉄) 지하철 ｜ を ~을, 를 ｜ なぜ 왜, 어째서 ｜ しんぶん(新聞) 신문

unit 11 불규칙동사 + ㅂ니다

불규칙동사

する 하다 → する
　　 지 않다 → しない　　　*불규칙 활용을 함
　　 ㅂ니다 → します
　　 지 않습니다 → しません

来る 오다 → くる
　　 지 않다 → こない　　　*불규칙 활용을 함
　　 ㅂ니다 → きます
　　 지 않습니다 → きません

● する

	보통체	공손체
긍정형	하다 する	합니다 します
부정형	하지 않다 しない	하지 않습니다 しません

📌 자주 사용하는 한자어+する 동사

勉強する 공부하다	安心する 안심하다	結婚する 결혼하다	練習する 연습하다
経験する 경험하다	運動する 운동하다	計画する 계획하다	運転する 운전하다
見物する 구경하다	利用する 이용하다	発見する 발견하다	約束する 약속하다
使用する 사용하다	電話する 전화하다	散歩する 산책하다	存在する 존재하다
生活する 생활하다	注意する 주의하다	説明する 설명하다	質問する 질문하다
紹介する 소개하다	出発する 출발하다	食事する 식사하다	出席する 출석하다

● 来る

	보통체	공손체
긍정형	오다 来る	옵니다 来ます
부정형	오지 않다 来ない	오지 않습니다 来ません

Check

A 일본어로 말하고 써봅시다.

1. 하다. → _____。
2. 하지 않다. → _____。
3. 합니다. → _____。
4. 하지 않습니다. → _____。
5. 오다. → _____。
6. 오지 않다. → _____。
7. 옵니다. → _____。
8. 오지 않습니다. → _____。

B 일본어로 말하고 써봅시다.

1. 공부하다. → _____。
2. 합니까? → _____。
3. 안 온다. → _____。
4. 안 옵니다. → _____。
5. 아무것도 약속하지 않는다. → _____。
6. 안 와? → _____。
7. 언제 옵니까? → _____。
8. 전화하지 않습니다. → _____。
9. 산책을 안 합니까? → _____。
10. 늘 옵니다. → _____。

새로 나온 단어

なにも(何も) 아무것도 | さんぽ(散歩) 산책 | いつも 언제나, 늘

표현 플러스

1. 동사ます형 + ながら ~하면서
音楽を聞きながら勉強します。 음악을 들으면서 공부합니다.
コーヒーを飲みながらテレビを見ます。 커피를 마시면서 텔레비전을 봅니다.

2. 동사 ます형 + たい ~하고 싶다
あ、韓国に行きたい。 아, 한국에 가고 싶다.
ラーメンが食べたい。 라면이 먹고 싶다.

3. 동사 ます형 + やすい / にくい ~하기 쉽다 / 어렵다
この酒は飲みやすい。 이 술은 마시기 쉽다.
彼女の名前は覚えやすいです。 그녀의 이름은 외우기 쉽습니다.
この道は歩きにくい。 이 길은 걷기 어렵다.
この漢字は書きにくいです。 이 한자는 쓰기 어렵습니다.

4. 동사ます형 / 동작성 명사 + に行く / 来る / 帰る ~하러 가다 / 오다 / 돌아가다〈목적〉
今度、二人で飲みに行く。 이번에 둘이서 마시러 간다.
一度も会いに来ません。 한 번도 만나러 오지 않습니다.
忘れたものを取りに帰る。 잊은 물건을 찾으러 돌아가다.
祭りを見物に行く。 축제를 구경하러 가다.
日本に勉強に来る。 일본에 공부하러 오다.
食事に家に帰る。 식사하러 집으로 돌아가다.

5. 동사 ます형 + は / も + しない ~하지는 / 하지도 않는다〈동사 부정 강조형〉
食べない 먹지 않는다　　飲まない 마시지 않는다　　来ない 오지 않는다
食べはしない 먹지는 않는다　　飲みはしない 마시지는 않는다　　来はしない 오지는 않는다
食べもしない 먹지도 않는다　　飲みもしない 마시지도 않는다　　来もしない 오지도 않는다

6. 복합동사 [동사 ます형 + 동사]

食べ + 過ぎる 너무 ~하다 → 食べ過ぎる 너무 먹다
書き + 始める ~하기 시작하다 → 書き始める 쓰기 시작하다
読み + 終わる 다 ~하다 → 読み終わる 다 읽다
しゃべり + 続ける 계속 ~하다 → しゃべり続ける 계속 수다떨다
助け + 合う 서로 ~하다 → 助け合う 서로 돕다
数え + 直す 다시 ~하다 → 数え直す 다시 세다
わかり + かねる ~하기 어렵다 → わかりかねる 이해하기 어렵다
考え + 込む ~에 잠기다 → 考え込む 생각에 잠기다
思い + 切る ~하는 것을 그만두다 → 思い切る 단념하다
あり + 得る ~할 수 있다 → あり得る 있을 수 있다

unit 12 명사 수식 (명사, 형용사, 형용동사, 동사 + 명사)

명사の	私(わたし)の本(ほん)
형용사(기본형) + 명사	おいしいラーメン
형용동사(だ → な)	有名(ゆうめい)な人(ひと)
동사(기본형)	考(かんが)える人(ひと)・読(よ)む人(ひと) する人(ひと)・来(く)る人(ひと)

명사 + 명사	형용사 + 명사	형용동사 + 명사	동사 + 명사	
일본어 공부 日本語(にほんご)の勉強(べんきょう)	매운 라면 辛(から)いラーメン	좋아하는 학생 好きな学生	자는 학생 가는 학생 공부하는 학생 오는 학생	寝(ね)る学生(がくせい) 行(い)く学生 勉強(べんきょう)する学生(がくせい) 来(く)る学生(がくせい)

* 부정의 ない + 명사

형용사 + ない + 명사	형용동사 + ない + 명사	동사 + ない + 명사	
맵지 않은 라면 辛(から)くないラーメン	좋아하지 않는 학생 好(す)きではない学生(がくせい)	자지 않는 학생 가지 않는 학생 공부하지 않는 학생 오지 않는 학생	寝(ね)ない学生(がくせい) 行(い)かない学生(がくせい) 勉強(べんきょう)しない学生(がくせい) 来(こ)ない学生(がくせい)

Check

A 다음을 명사 수식형으로 고쳐봅시다.

1. 私 + けいたい → _____ 내 휴대전화
2. おいしい + ラーメン → _____ 맛있는 라면
3. 安全だ + 学校 → _____ 안전한 학교
4. 考える + 人 → _____ 생각하는 사람
5. 待つ + 男 → _____ 기다리는 남자

B 일본어로 말하고 써봅시다.

1. 예쁜 꽃입니다. → _____。
2. 일본어를 (말)하는 사람이 많다. → _____。
3. 전화하는 일이 있다. → _____。
4. 같은 것입니까? → _____。
5. 오지 않는 사람을 기다리다. → _____。
6. 공부하지 않는 학생도 있다. → _____。
7. 좋아하지 않는 사람과 결혼하다. → _____。
8. 맵지 않은 김치도 있습니다. → _____。
9. 그것은 내 것이 아니다. → _____。
10. 어디에 가는 것입니까? → _____。

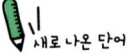

おなじだ(同じだ) 같다〈예외: おなじななまえ(×) → おなじなまえ(○)〉 | もの 것, 물건 | へ ~에〈방향〉 | の 것〈회화체에서는 종종 ん으로 사용〉

unit 13 중지형(명사 + だ, 형용사, 형용동사, 1단동사·불규칙동사 + 고)

명사 + だ	本だ	→	本で	
형용사	おいしい	→	おいしくて	
형용동사	有名だ	→	有名で	
1단동사·불규칙동사	考える	→	考えて	*る 탈락시킴
	する・来る	→	して・来て	

Check

A 다음을 중지형으로 고쳐봅시다.

1. 学生だ 학생이다 → _____ 학생이고, 학생이며
2. 辛い 맵다 → _____ 맵고, 매워서
3. 好きだ 좋아하다 → _____ 좋아하고, 좋아해서
4. 起きる 일어나다 → _____ 일어나고, 일어나서
5. する 하다 → _____ 하고, 해서
6. 来る 오다 → _____ 오고, 와서

B 일본어로 말하고 써봅시다.

1. 이것은 초밥이고, 저것은 우동입니다. → _____。
2. 김치는 맵고, 달고, 시다. → _____。
3. 고기는 좋아하고, 생선은 싫어한다. → _____。
4. 밥을 먹고, 라면도 먹는다. → _____。
5. 한국에 와서 공부하다. → _____。
6. 전화하고 오다. → _____。
7. 이것은 내 것이고, 저것은 그녀의 것이다. → _____。
8. 공원은 넓고, 조용하고, 깨끗하다. → _____。
9. 가깝고도 먼 일본. → _____。
10. 일은 편하고 즐겁다. → _____。

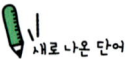

にく(肉) 고기 | さかな(魚) 생선 | こうえん(公園) 공원 | しごと(仕事) 일

unit 14 중지형(5단동사 + 고)

5단동사		어미 변화	
吹く 騒ぐ	+て(~이고)	吹いて 騒いで	く→いて ぐ→いで	い형
買う 立つ ある		買って 立って あって	う つ→って る	촉음(っ)형
死ぬ 汲む 呼ぶ		死んで 汲んで 呼んで	ぬ む→んで ぶ	발음(ん)형
話す		話して	변화 없음	
*行く		行って	예외	

Check

A 다음을 중지형으로 고쳐봅시다.

1. 書く 쓰다 → _____ 쓰고, 써서
2. 泳ぐ 헤엄치다 → _____ 헤엄치고, 헤엄쳐서
3. 待つ 기다리다 → _____ 기다리고, 기다려서
4. 乗る 타다 → _____ 타고, 타서
5. 言う 말하다 → _____ 말하고, 말해서
6. 読む 읽다 → _____ 읽고, 읽어서
7. 死ぬ 죽다 → _____ 죽고, 죽어서

8. 遊ぶ 놀다 → _____ 놀고, 놀아서
9. 話す 이야기하다 → _____ 이야기하고, 이야기해서
10. 行く 가다 → _____ 가고, 가서

B 일본어로 말하고 써봅시다.

1. 듣고 말하고 읽고 쓴다. → _____。
2. 먹고 마시고 춤추고 논다. → _____。
3. 버스를 타고 학교에 간다. → _____。
4. 젓가락을 사용해서 밥을 먹습니다. → _____。
5. 돈을 모아서 유학합니다. → _____。
6. 보고 듣고 먹고 즐기다. → _____。
7. 놀고 지내다. → _____。
8. 우산을 쓰고 걷습니다. → _____。
9. 구두를 신고 달립니다. → _____。
10. 천천히 쉬고 돌아갑니다. → _____。

📌 동사 て형으로 친한 상대에게 '의뢰'를 나타낼 수 있다.
ちょっと待って。 잠깐 기다려.
これ見て。 이것 봐.

📌 동사ます형, 형용사く형으로 문장체에서 중지형으로 사용한다.
高速バスに乗り、東京へ行く。 고속버스를 타고 도쿄에 가다.
朝勉強し、夜バイトに行く。 아침에 공부하고, 밤에 아르바이트 하러 가다.
日本料理の五味は、甘く、酸っぱく、塩辛く、苦く、辛い。
일본요리의 다섯 가지 맛은 달고, 시고, 짜고, 쓰고, 맵다.
*「、」는 読点 또는 てん, 「。」는 句点 또는 マル라고 한다.

새로 나온 단어

おどる(踊る) 춤추다 | バス 버스 | はし(箸) 젓가락 | つかう(使う) 사용하다 | おかね(お金) 돈 | ためる 모으다
りゅうがくする(留学する) 유학하다 | たのしむ(楽しむ) 즐기다 | くらす(暮らす) 지내다 | かさ(傘)をさす 우산을 쓰다
くつ(靴) 구두 | はく 신다 | ゆっくり 천천히 | やすむ(休む) 쉬다

표현 플러스

1. 동사て + ください ~해 주세요
もう少し待ってください。 좀 더 기다려 주세요.
私の名前を覚えてください。 내 이름을 기억해 주세요.

2. 동사て + もいい ~해도 좋다
辞書を見てもいいですか。 사전을 봐도 됩니까?
今言ってもいいですか。 지금 말해도 됩니까?

3. 동사て + はいけない ~(해서)는 안된다
子供は酒を飲んではいけない。 아이는 술을 마시면 안된다.
ここに来てはいけない。 여기에 와서는 안된다.

4. 동사て + ほしい ~해 주기 바란다
見てほしい。 봐 주었으면 한다.
もっと知ってほしい。 좀 더 알아주었으면 한다.

5. 동사て + ある / いる ~해져 있다 / ~하고 있다
私の名前が書いてある。 내 이름이 써 있다.
窓が開けてあります。 창문이 열려 있습니다.
小説を読んでいる。 소설을 읽고 있다.
雨が降っています。 비가 내리고 있습니다.

6. 동사て + みる ~해 보다
運動をやってみる。 운동을 해 보다.
さしみを食べてみる。 회를 먹어 보다.

7. 동사て + くる / いく　~해 오다 / ~해 가다

つかれてくる。피곤해 오다.
音が聞こえてくる。소리가 들려오다.
仕事を続けていく。일을 계속해 가다.
雪が積もっていく。눈이 쌓여 가다.

8. 동사て + おく　~해 두다

本を置いておく。책을 놓아 두다.
日本語を勉強しておく。일본어를 공부해 두다.

9. 동사て + しまう　~해 버리다

ケーキを食べてしまう。케이크를 먹어 버리다.
電話番号を言ってしまう。전화번호를 말해 버리다.

10. 동사て + あげる / くれる / もらう　~해 주다 / ~해 주다 / ~해 받다(보조동사)

私は友達に絵を書いてあげました。나는 친구에게 그림을 그려 주었습니다. (자신→타인)
彼が彼女に本を買ってあげました。그가 그녀에게 책을 사 주었습니다. (타인→타인)
彼がメールで知らせてくれました。그가 메일로 알려 주었습니다. (자신←타인)
母が私に教えてくれました。어머니가 나에게 가르쳐 주었습니다. (자신←타인)
友達に大阪を案内してもらいました。친구한테 오사카를 안내해 받았습니다. (자신←타인)
山田先生に話してもらいました。야마다 선생님한테 이야기해 받았습니다. (자신←타인)

unit 15 보통체 과거 (명사 + だ, 형용사, 형용동사, 1단동사·불규칙동사 + ㅆ다)

명사 + だ	本だ		本だった
형용사	おいしい		おいしかった
형용동사	有名だ	+ た (과거)	有名だった
1단동사	考える		考えた　*る 탈락시킴
불규칙동사	する・来る		した・来た

Check

A 다음을 과거형으로 고쳐봅시다.

1. 学生だ 학생이다 → _____ 학생이었다
2. 辛い 맵다 → _____ 매웠다
3. 好きだ 좋아하다 → _____ 좋아했다
4. 起きる 일어나다 → _____ 일어났다
5. する 하다 → _____ 했다
6. 来る 오다 → _____ 왔다

B 일본어로 말하고 써봅시다.

1. 좋은 사람이었다. → _____。
2. 어제의 라면은 맛있었다. → _____。
3. 당신을 싫어했다. → _____。
4. 나도 그거 생각했다. → _____。
5. 어제 왔다. → _____。
6. 친구와 테니스를 했다. → _____。
7. 그와 약속했다. → _____。
8. 선생님은 유명했었다. → _____。
9. 멋진 옷을 입었다. → _____。
10. 한 번은 믿었다. → _____。

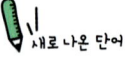
새로 나온 단어

きのう(昨日) 어제 | **あなた** 당신 | **～と** ~와, 과 | **テニス** 테니스 | **すてきだ**(素敵だ) 멋지다 | **ふく**(服) 옷 | **いちど**(一度) 한 번 | **しんじる**(信じる) 믿다

unit 16 보통체 과거(5단동사 + ㅆ다)

5단동사			어미 변화	
吹く 騒ぐ	+た(~ㅆ다)	吹いた 騒いだ	く → いた ぐ → いだ	い형
買う 立つ ある		買った 立った あった	う つ → った る	촉음(っ)형
死ぬ 汲む 呼ぶ		死んだ 汲んだ 呼んだ	ぬ む → んだ ぶ	발음(ん)형
話す		話した	변화 없음	
*行く		行った	예외	

*「5단동사 + た」의 접속은 「5단동사 + て」와 같다.

Check

A 다음을 과거형으로 고쳐봅시다.

1. 書く 쓰다 → _____ 썼다
2. 泳ぐ 헤엄치다 → _____ 헤엄쳤다
3. 待つ 기다리다 → _____ 기다렸다
4. 乗る 타다 → _____ 탔다
5. 言う 말하다 → _____ 말했다
6. 読む 읽다 → _____ 읽었다

7. 死ぬ 죽다 → _____ 죽었다
8. 遊ぶ 놀다 → _____ 놀았다
9. 話す 이야기하다 → _____ 이야기했다
10. 行く 가다 → _____ 갔다

B 일본어로 말하고 써봅시다.

1. 보았다, 왔다, 이겼다. → _____ 。
2. 친구를 불렀다. → _____ 。
3. 선생님이 썼다. → _____ 。
4. 학교에 갔다. → _____ 。
5. 일본어로 일본인과 이야기했다. → _____ 。
6. 공원을 산책했다. → _____ 。
7. 소설을 읽었다. → _____ 。
8. 선물을 샀다. → _____ 。
9. 수영장에서 헤엄쳤다. → _____ 。
10. 일본으로 돌아갔다. → _____ 。

📌 「동사+たり(~하기도 하고)」의 접속은 「동사+た」와 같다.

行ったり来たりする。 왔다 갔다 한다.
あげたりもらったりする。 주고받고 한다.

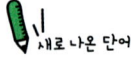

ともだち(友達) 친구 | しょうせつ(小説) 소설 | おみやげ(お土産) 선물

표현 플러스

1. **동사た + ことがある / ない** ~한 적이 있다 / 없다

   日本に来たことがありますか。 일본에 온 적이 있습니까?
   一度聞いたことがある。 한 번 들은 적이 있다.
   相撲を見たことがありません。 스모를 본 적이 없습니다.
   彼を一度も会ったことがない。 그를 한 번도 만난 적이 없다.

2. **동사た + ほうがいい** ~하는 편이 좋다

   朝ご飯を食べたほうがいい。 아침밥을 먹는 편이 좋다.
   もっと勉強したほうがいいです。 좀 더 공부하는 편이 좋습니다.

3. **동사た + 覚えはない** ~한 기억은 없다

   言った覚えはない。 말한 기억은 없다.
   その都市に行った覚えはない。 그 도시에 간 기억은 없다.

4. **동사た + まま** ~한 채

   電気をつけたまま寝る。 전기를 켠 채 자다.
   家を出たまま帰ってこない。 집을 나간 채 돌아오지 않다.

5. **동사た + 後で** ~한 후에

   授業が終わった後で先生に聞く。 수업이 끝난 후에 선생님에게 묻다.
   彼は勉強した後でテニスをした。 그는 공부한 후에 테니스를 했다.

unit 17 보통체 과거 부정
(명사 + だ, 형용사, 형용동사, 동사 + 지 않았다)

명사+だ	あしたではない		あしたではなかった
형용사	辛(から)くない		辛(から)くなかった
형용동사	有名(ゆうめい)ではない	+た(과거)	有名(ゆうめい)ではなかった
1단동사	できない		できなかった
5단동사	言(い)わない		言(い)わなかった
불규칙동사	しない・来(こ)ない		しなかった・来(こ)なかった

Check

A 다음을 부정형으로 고쳐봅시다.

1. 学生(がくせい)ではない 학생이 아니다 → _____ 학생이 아니었다
2. 甘(あま)くない 달지 않다 → _____ 달지 않았다
3. 好(す)きではない 좋아하지 않다 → _____ 좋아하지 않았다
4. 起(お)きない 일어나지 않다 → _____ 일어나지 않았다
5. 書(か)かない 쓰지 않다 → _____ 쓰지 않았다
6. しない 하지 않다 → _____ 하지 않았다
7. 来(こ)ない 오지 않다 → _____ 오지 않았다

B 일본어로 말하고 써봅시다.

1. 나쁀 사람이 아니었다. → _____。
2. 김치는 맵지 않았다. → _____。
3. 고기는 좋아하지 않았다. → _____。
4. 전혀 의미를 몰랐다. → _____。
5. 어제 오지 않았다. → _____。
6. 젊었을 때 공부하지 않았다. → _____。
7. 나는 숙제를 하지 않았다. → _____。
8. 일은 간단하지 않았다. → _____。
9. 그는 보지 않았다. → _____。
10. 아무것도 믿지 않았다. → _____。

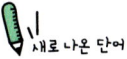

まったく(全く) 전혀 | **いみ**(意味) 의미 | **わかい**(若い) 젊다 | **とき**(時) 때 | **しゅくだい**(宿題) 숙제

unit 18 부사적 용법(형용사, 형용동사 + 동사)

형용사	おいしい + なる / する…
	→ おいしく なる / する…
형용동사	有名だ + なる / する…
	→ 有名に なる / する…

Check

A 다음 표를 완성하세요

1.

	형용사 + なる	형용사 + する
辛い 맵다	(　　　　　　) 매워지다	(　　　　　　) 맵게 하다
白い 하얗다	(　　　　　　) 하얘지다	(　　　　　　) 하얗게 하다

2.

	형용동사 + なる	형용동사 + する
便利だ 편리하다	(　　　　　　) 편리해지다	(　　　　　　) 편리하게 하다
親切だ 친절하다	(　　　　　　) 친절해지다	(　　　　　　) 친절하게 하다

3.

형용사 + 동사	형용동사 + 동사
(　　　　　　) 비싸게 사다	(　　　　　　　) 적당히 먹다
(　　　　　　) 빨리 달리다	(　　　　　　　) 간단하게 만들다

B 일본어로 말하고 써봅시다.

1. 얼굴이 빨개지다. → _____。
2. 맛있게 먹다. → _____。
3. 빨라지다. → _____。
4. 예뻐졌다. → _____。
5. 이상하게 보이다. → _____。
6. 비싸게 사서 싸게 팔다. → _____。
7. 잘 부르다. → _____。
8. 도서관에서 조용히 해 주세요. → _____。
9. 자세히 설명했다. → _____。
10. 깊게 생각하고 정하다. → _____。

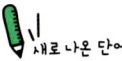

てきとうだ(適当だ) 적당하다 | かお(顔) 얼굴 | へんだ(変だ) 이상하다 | としょかん(図書館) 도서관 | くわしい(詳しい) 자세하다 | きめる(決める) 정하다

unit 19 가정(명사 + だ, 형용사, 형용동사, 동사 + 면)

명사 + だ	本だ	→	本なら(ば)
형용사	おいしい	→	おいしければ
형용동사	有名だ	→	有名なら(ば)
1단동사	考える	→	考えれば *る 탈락시킴
5단동사	書く [u]	→	書けば [e] *[u] → [e]
불규칙동사	する・来る	→	すれば・来れば

* よい(좋다)와 같은 말로 いい가 있는데, いい는 활용하지 않는 경우(いいです、いい人 등)에 사용하고, 회화체에서 많이 사용한다.

Check

A 다음을 가정형으로 고쳐봅시다.

1. 勉強だ 공부다 → _____ 공부라면
2. 辛い 맵다 → _____ 매우면
3. 好きだ 좋아하다 → _____ 좋아하면
4. 起きる 일어나다 → _____ 일어나면
5. 読む 읽다 → _____ 읽으면
6. する 하다 → _____ 하면
7. 来る 오다 → _____ 오면

B 일본어로 말하고 써봅시다.

1. 학생이라면 공부를 할 것. → _____。
2. 더우면 열고 추우면 닫는다. → _____。
3. 이렇게 편리하면 좀 더 빨리 사면 좋았다. → _____。
4. 좀 더 늦게 오면 좋았다. → _____。
5. 공부하면 성적이 오른다. → _____。
6. 초밥을 좋아하면 드세요. → _____。
7. 무리라면 그만둔다. → _____。
8. 나라면 안 본다. → _____。
9. 보면 안다. → _____。
10. 알 사람만 알면 된다. → _____。

📌 가정 ~と(~이라면)

명사 + だ	本だ	
형용사	おいしい	
형용동사	有名だ	+ と
1단동사 5단동사 불규칙동사	考える 書く する・来る	

*ば, と 비교
① この薬を飲めば治ります。이 약을 먹으면 낫습니다.
② 1に1を足すと2になる。1에 1을 더하면 2가 된다.

가정표현 ~ば는 ①처럼 약을 먹는 것이 낫기 위한 필요조건일 때 사용한다. 따라서 먹지 않으면 낫지 않는다는 대비적인 암시가 있다. ~ば는 일반적인 조건을 앞에 쓰고, 그것에 따라 뒤에 따라오는 말이 성립하는 것을 나타낸다. 薬を飲めば에 초점이 있다. 가정표현 ~と는 당연히 그렇게 되는 자연 현상이나 수식과 같이 불변의 진리 등을 나타낼 때 쓴다.

조건 たら(~이라면)

駅に着いたらご飯食べよう。에서 ~たら는 자연스럽고 ~ば・~と는 부자연스럽다. 이는 ~ば・~と는 [···하면, (필연적으로) ···하다], ~たら는 [···하면, (우연히) ···하다]를 나타내기 때문이다. 즉 역에 도착하면 필연적으로 밥을 먹는 것이 아니고, 많은 일 가운데 하나인 밥을 먹기 때문이다. たら의 접속은「명사+だ, 형용사, 형용동사, 동사 + た와 같다.

명사	**味噌ラーメンだったらここでしょう。** 된장라면이라면 여기겠지요.
형용사	**天気がよかったら、行こう。** 날씨가 좋으면 가자.
형용동사	**親切だったらいいのに。** 친절하면 좋을 텐데.
1단동사	**大きい地震が起きたら大変だ。** 큰 지진이 일어나면 큰일이다.
5단동사	**駅に着いたらご飯食べよう。** 역에 도착하면 밥을 먹자.
불규칙동사	**また来たら行こう。** 또 오면 가자. **どう勉強したらいいですか。** 어떻게 공부하면 됩니까?

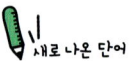
새로 나온 단어

しめる(閉める) 닫다 | こんなに 이렇게 | もっと 좀 더 | せいせき(成績) 성적 | のびる(伸びる) 신장하다 | やめる 그만두다
わかる(分かる) 알다 | だけ ~만

unit 20 추측(명사 + だ, 형용사, 형용동사, 동사 + 겠지)

명사 + だ	本だ	→	本だろう / 本でしょう
형용사(기본형)	おいしい	→	おいしいだろう / おいしいでしょう
형용동사	有名だ	→	有名だろう / 有名でしょう
동사(기본형)	考える	→	考えるだろう / 考えるでしょう
	書く	→	書くだろう / 書くでしょう
	する	→	するだろう / するでしょう
	来る	→	来るだろう / 来るでしょう

* でしょう는 だろう의 공손한 표현으로, だろう와 접속이 같다.

Check

A 다음을 추측형으로 고쳐봅시다.

1. ラーメンだ 라면이다 → _____ 라면이겠지
2. 辛い 맵다 → _____ 맵겠지
3. 好きだ 좋아하다 → _____ 좋아하겠지
4. 起きる 일어나다 → _____ 일어나겠지
5. 読む 읽다 → _____ 읽겠지
6. する 하다 → _____ 하겠지
7. 来る 오다 → _____ 오겠지

B 일본어로 말하고 써봅시다.

1. 내일 비겠지요. → _____ 。
2. 또 가겠지요. → _____ 。
3. 상당히 불안하겠지. → _____ 。
4. 어떻게 하면 좋을까? → _____ 。
5. 같은 일을 하겠지요. → _____ 。
6. 내일은 오겠지. → _____ 。
7. 이것이라면 괜찮겠지요. → _____ 。
8. 싸면 사겠지. → _____ 。
9. 이것이 없으면 괴롭겠지. → _____ 。
10. 이거 맛있지요. → _____ 。

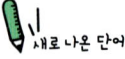

あした/あす(明日) 내일〈あしたは 회화체, あすは 문장체에서 주로 사용함〉 | また 또 | ものすごく 상당히 | ふあんだ(不安だ) 불안하다 | こと 일 | つらい 괴롭다

unit 21 의지, 권유(동사 + 자)

	보통체	공손체
	→ (よ)う (의지, 권유)	ます → ましょう
1단동사	考える → 考えよう　*る 탈락시킴	考えます → 考えましょう
5단동사	書く → 書こう　*[u] → [o] 　[u]　　[o]	書きます → 書きましょう
불규칙동사	する → しよう 来る　来よう	します → しましょう 来ます　来ましょう

Check

A 다음 표를 완성하세요.

	보통체	공손체
起きる 일어나다	(일어나자)	(일어납시다)
帰る 돌아가다	(돌아가자)	(돌아갑시다)
する 하다	(하자)	(합시다)
来る 오다	(오자)	(옵시다)
遊ぶ 놀다	(놀자)	(놉시다)

B 일본어로 말하고 써봅시다.

1. 캔 커피를 그만두자. → _____。
2. 빨리 일어나자. → _____。
3. 둘이서 놀자. → _____。
4. 도쿄를 산책하자. → _____。
5. 밥을 먹자. → _____。
6. 오늘은 책을 읽자. → _____。
7. 문법을 공부합시다. → _____。
8. 안전하게 즐겁게 자전거를 탑시다. → _____。
9. 차라도 마십시다. → _____。
10. 다음에 식사하러 갑시다. → _____。

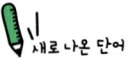
새로 나온 단어

かんコーヒー(缶コーヒー) 캔 커피 | 自転車(じてんしゃ) 자전거 | おちゃ(お茶) 차 | でも ~(이)라도
こんど(今度) 이 다음, 이번

unit 22 명령

1단동사	見る → 見ろ(구어체) · 見よ(문장체)
5단동사	書く → 書け *[u] → [e]
	[u] [e]
불규칙동사	する → しろ(구어체) · せよ(문장체)
	来る → 来い

Check

A 다음을 명령형으로 고쳐봅시다.

1. 食べる 먹다 – _____ 먹어
2. 乗る 타다 – _____ 타
3. する 하다 – _____ 해
4. 来る 오다 – _____ 와
5. 読む 읽다 – _____ 읽어

B 일본어로 말하고 써봅시다.

1. 이걸 봐(라). → _____。
2. 차 조심해(라). → _____。
3. 빨리 돌아가(라). → _____。
4. 좀 더 빨리 달려(라). → _____。
5. 마음대로 해(라). → _____。
6. 정신 차려 공부해(라). → _____。
7. 이쪽으로 와(라). → _____。
8. 지금 당장 헤어져(라). → _____。

9. 저쪽으로 가(라). → _____。

10. 급하면 돌아가(라). → _____。

⭐ 동사 기본형에 な를 붙여서 금지(명령)를 나타낸다.

何も言うな。 아무것도 말하지 마.

一人で行くな。 혼자서 가지 마.

ここでしゃべるな。 여기서 떠들지 마.

人に迷惑をかけるな。 다른 사람에게 폐를 끼치지 마.

そんなことをするな。 그런 것을 하지 마라.

二度と来るな。 두 번 다시 오지 마.

📌 형용사, 형용동사의 명령형

형용사나 형용동사의 명령형은 없다. 그러나 동사를 함께 사용하여 명령을 나타낸다.

静かにしろ。 조용히 해.　　好きにしろ。 좋을 대로 해.

短く切れ。 짧게 잘라.　　早く起きろ。 빨리 일어나.

深く掘れ。 깊게 파.　　高く飛べ。 높게 날아라.

✏️ 새로 나온 단어

くるま(車) 차 | き(気)をつける 조심하다 | かってだ(勝手だ) 제멋대로 하다 | しっかり 정신 차려서 | すぐ 즉시, 바로, 당장 | わかれる(別れる) 헤어지다 | いそがばまわれ(急がば回れ) 급하면 돌아가라〈속담〉 | いそぐ(急ぐ) 서두르다 | まわる(回る) 돌다

unit 23 공손체 과거
(명사 + だ, 형용사, 형용동사, 동사 + ㅆ습니다)

	です → でした	
명사 형용사 형용동사	本です → 本でした おいしいです → おいしかったです 　　　　　　　おいしいでした(×) 有名です → 有名でした	です + た(과거) → でした
	ます → ました	
동사	考えます → 考えました 書きます → 書きました します・来ます → しました・来ました	ます + た(과거) → ました

Check

A 다음을 과거형으로 고쳐봅시다.

1. 学生です 학생입니다 – _____ 학생이었습니다
2. 辛いです 맵습니다 – _____ 매웠습니다
3. 好きです 좋아합니다 – _____ 좋아했습니다
4. 起きます 일어납니다 – _____ 일어났습니다
5. 買います 삽니다 – _____ 샀습니다
6. します 합니다 – _____ 했습니다
7. 来ます 옵니다 – _____ 왔습니다

B 일본어로 말하고 써봅시다.

1. 맛있는 라면이었습니다. → _____。
2. 좀 추웠습니다. → _____。
3. 교통이 불편했습니다. → _____。
4. 자세히 설명했습니다. → _____。
5. 봄이 왔습니다. → _____。
6. 선생님과 이야기했습니다. → _____。
7. 밤에는 조용했습니다. → _____。
8. 영어 공부를 싫어했습니다. → _____。
9. 약을 먹었습니다. → _____。
10. 이제 다 끝났습니다. → _____。

새로 나온 단어

よる(夜) 밤 | えいご(英語) 영어 | くすり(薬) 약 | もう 이제, 벌써, 이미 | おわる(終わる) 끝나다

unit 24 공손체 과거 부정
(명사 + だ, 형용사, 형용동사, 동사 + 지 않았습니다)

명사 + だ あしたではありません		あしたではありませんでした
형용사 辛くないです 辛くありません(△)		辛くなかったです 辛くありませんでした(△)
형용동사 有名ではありません	+ でした (공손체 과거)	有名ではありませんでした
1단동사 できません		できませんでした
5단동사 言いません		言いませんでした
불규칙동사 しません きません		しませんでした きませんでした

Check

A 다음을 과거형으로 고쳐봅시다.

1. 学生ではありません 학생이 아닙니다 – _____ 학생이 아니었습니다
2. 重くないです 무겁지 않습니다 – _____ 무겁지 않았습니다
3. 好きではありません 좋아하지 않습니다 – _____ 좋아하지 않았습니다
4. 起きません 일어나지 않습니다 – _____ 일어나지 않았습니다
5. 書きません 쓰지 않습니다 – _____ 쓰지 않았습니다
6. しません 하지 않습니다 – _____ 하지 않았습니다
7. 来ません 오지 않습니다 – _____ 오지 않았습니다

B 일본어로 말하고 써봅시다.

1. 내 취미가 아니었습니다. → _____。
2. 영어는 어렵지 않았습니다. → _____。
3. 교통은 불편하지 않았습니다. → _____。
4. 이유를 설명하지 않았습니다. → _____。
5. 메일이 오지 않았습니다. → _____。
6. 자전거를 타지 않았습니다. → _____。
7. 결코 편하지 않았습니다. → _____。
8. 우유를 좋아하지 않았습니다. → _____。
9. 학교에 가지 않았습니다. → _____。
10. 그렇게 좋지 않았습니다. → _____。

ある와 いる(있다)

	보통체		공손체	
	현재형	과거형	현재형	과거형
긍정형	ある いる	あった いた	あります います	ありました いました
부정형	ない(あらない) いない	なかった(あらなかった) いなかった	ありません いません	ありませんでした いませんでした

* **ある**는 비생물, **いる**는 생물에 사용한다.
　　お金がたくさんあります。 돈이 많이 있습니다.
　　教室に学生が一人います。 교실에 학생이 한 명 있습니다.

그러나, 사람일 때도 **ある**를 사용하는 경우도 있다.
　　彼女には3人の子がある。 그녀에게는 아이가 셋 있다. (존재의 사실)
　　子供がある。 아이가 있다. (존재의 사실)

새로 나온 단어

しゅみ(趣味) 취미 | りゆう(理由) 이유 | メール 메일 | じてんしゃ(自転車) 자전거 | けっして(決して) 결코
ぎゅうにゅう(牛乳) 우유 | それほど 그다지, 그렇게, 그 정도

unit 25 형용사, 형용동사, 동사의 명사형

형용사

형용사 어간 + さ / み

重い → 重さ・重み
深い → 深さ・深み

형용동사

형용동사 어간 + さ

きれいだ → きれいさ
ふしぎだ → ふしぎさ

형용동사 어간だ

正直だ → 正直
健康だ → 健康

동사

1, 5단동사ます형

借ります → 借り
考えます → 考え
喜びます → 喜び
悲しみます → 悲しみ

불규칙동사

する・来る → ×

* 형용사의 명사형을 만들 때 ～さ는 모든 형용사에 붙일 수 있지만, ～み는 일부 형용사에만 붙일 수 있다.
* ～さ는 重さ(무게), 深さ(깊이)처럼 속성의 정도, 수치를 나타내는 일반명사이며, ～み는 重み(중후함), 深み(심오한 정도)처럼 속성에 대한 감각을 나타내는 추상명사이다.
* 예외적으로 近く(근처), 遠く(먼 곳), 多く(많음, 많은 것), 早く(이른 시각)는 명사이다.

Check

A 다음을 명사형으로 바꿔봅시다.

1. 強い 강하다 – _____ 강도
2. 重要だ 중요하다 – _____ 중요함
3. 覚える 기억하다 – _____ 기억
4. 動く 움직이다 – _____ 움직임
5. 感じる 느끼다 – _____ 느낌

B 일본어로 말하고 써봅시다.

1. 더위에 지지 않다. → _____。
2. 건강의 중요함을 알았습니다. → _____。
3. 길이는 같습니다. → _____。
4. 좋은 냄새가 나다. → _____。
5. 일본어의 읽기·쓰기·말하기·듣기를 할 수 있다. → _____。
6. 과식·과음에 주의. → _____。
7. 회식으로 귀가가 늦다. → _____。
8. 여름방학도 끝입니다. → _____。
9. 말에는 무게가 있다. → _____。
10. 이 상자의 무게는 어느 정도입니까? → _____。

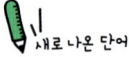

まける(負ける) 지다 | みじかい(短い) 짧다 | におい(匂い) 냄새 | ~すぎる(~過ぎる) 너무 ~하다 | のみかい(飲み会) 회식 | なつやすみ(夏休み) 여름방학 | ことば(言葉) 말 | はこ(箱) 상자 | どれくらい 어느 정도

unit 26 가능

1단동사	考える → 考え + られる　考えれる(✗)
	見る → 見 + られる　見れる(✗)
5단동사	書く → 書ける (가능동사)
	[u]　　　　[eる]
불규칙동사	する → できる
	来る　　来られる

● **5단동사(가능동사)의 연습**

　　　　[u]　　　→　　　[eる]
書く[ku] 쓰다 → 書ける[keる] 쓸 수 있다
読む[mu] 읽다 → 読める[meる] 읽을 수 있다
泳ぐ[gu] 헤엄치다 → 泳げる[geる] 헤엄칠 수 있다
行く[ku] 가다 → 行ける[keる] 갈 수 있다
歌う[u] 노래하다 → 歌える[eる] 노래할 수 있다
話す[su] 이야기하다 → 話せる[seる] 이야기할 수 있다

* 가능을 나타내는 동사(考えられる, 書ける, できる, 来られる 등)의 활용은 1단동사와 같다.

買う(사다) → 買える(살 수 있다) → 買えない 살 수 없다
　　　　　　[eる]　　買えます 살 수 있습니다
　　　　　　　　　　買えて 살 수 있고
　　　　　　　　　　買えた 살 수 있었다
　　　　　　　　　　買える人 살 수 있는 사람
　　　　　　　　　　買えれば 살 수 있으면

Check

A 다음을 가능형으로 바꿔봅시다.

1. 起きる 일어나다 – _____ 일어날 수 있다
2. 読む 읽다 – _____ 읽을 수 있다
3. する 하다 – _____ 할 수 있다
4. 来る 오다 – _____ 올 수 있다
5. 買う 사다 – _____ 살 수 있다

B 일본어로 말하고 써봅시다.

1. 싸게 살 수 있으면 만족할 수 있습니다. → _____。
2. 몇 시에 일어날 수 있습니까? → _____。
3. 함께 마실 수 있는 사람이 좋습니다. → _____。
4. 영어를 자유스럽게 말할 수 있습니다. → _____。
5. 빨리 헤엄칠 수 있습니까? → _____。
6. 이것은 어디에 가면 먹을 수 있습니까? → _____。
7. 사람은 혼자서 살 수 없다. → _____。
8. 혼자서는 할 수 없다. → _____。
9. 정말로 믿을 수 없다. → _____。
10. 그는 오늘은 올 수 없다. → _____。

새로 나온 단어

まんぞくする(満足する) 만족하다 | ひとりで(一人で) 혼자서 | いきる(生きる) 살다 | きょう(今日) 오늘

unit 27 수동, 사역

1단동사	考える	→ 考え + られる (수동)
		考え + させる (사역)
5단동사	書く [u]	→ 書 + かれる (수동)　*[u] → [a]
		書 + かせる (사역) [a]
불규칙동사	する・来る	→ される・来られる (수동)
		させる・来させる (사역)

(1) 수동 : 先生が友達を叱る。 선생님이 친구를 야단치다.
　　　→ 友達が先生に叱られる。 친구가 선생님한테 야단맞다.

(2) 사역 : 私たちが荷物を運ぶ。 우리들이 짐을 나르다.
　　　→ (先生が)私たちに荷物を運ばせる。 (선생님이) 우리들에게 짐을 나르게 하다.

* 사역과 수동을 나타내는 동사(書かせる, 叱られる 등)의 활용은 1단동사와 같다.

書く 쓰다 → 書かせる 쓰게 하다 → 書かせない 쓰게 하지 않다
　　　　　　[eる]　　　　　　書かせます 쓰게 합니다
　　　　　　　　　　　　　　　書かせて 쓰게 하고
　　　　　　　　　　　　　　　書かせた 쓰게 했다
　　　　　　　　　　　　　　　書かせる人 쓰게 하는 사람
　　　　　　　　　　　　　　　書かせれば 쓰게 하면

⭐ **수동표현이 자주 사용되는 경우 : 迷惑(めいわく)(폐)를 간접적으로 나타낼 때**

子供(こども)に泣(な)かれた。 아이가 울었다.(울어서 곤란했다)
昨日(きのう)雨(あめ)に降(ふ)られた。 어제 비를 맞았다.(비를 맞아서 곤란했다)
友達(ともだち)に来(こ)られて勉強(べんきょう)できなかった。 친구가 와서 공부할 수 없었다.(친구가 와서 공부를 할 수 없어서 곤란했다)

Check

A 다음 표를 완성하세요.

	수동	사역
起(お)きる 일어나다	(　　　　　　　　) 일어나게 되다	(　　　　　　　　) 일어나게 하다
読(よ)む 읽다	(　　　　　　　　) 읽게 되다	(　　　　　　　　) 읽게 하다
する 하다	(　　　　　　　　) 하게 되다	(　　　　　　　　) 하게 하다
来(く)る 오다	(　　　　　　　　) 오게 되다	(　　　　　　　　) 오게 하다

B 일본어로 말하고 써봅시다.

1. 친구를 무리하게 오게 하다. → _____。
2. 어렸을 때 아버지가 돌아가셨습니다. → _____。
3. 초등학생에게 생각하게 하는 수업. → _____。
4. 언제나 친구에게 웃음을 삽니다. → _____。
5. 한 사람 한 사람에게 표를 사게 하다. → _____。
6. 비가 오다. 비를 맞았다. → _____。
7. 선생님이 자주 운동을 시켰습니다. → _____。
8. 개한테 물렸다. → _____。
9. 선생님한테 들켰습니다. → _____。
10. 어제 어머니한테 야단맞았습니다. → _____。

새로 나온 단어

おさない(幼い) 어리다 | ころ(頃) 때 | ちち(父) 아버지 | きっぷ(切符) 표 | よく 종종, 자주 | いぬ(犬) 개 | かむ(噛む) 깨물다 | はは(母) 어머니 | しかる(叱る) 야단치다, 꾸짖다

PART II

활용 정리와 연습

unit 01 기본 활용 정리(명사 + だ, 형용사, 형용동사, 동사)

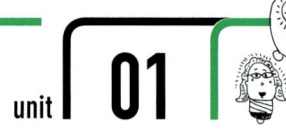

명사+だ

	보통체		공손체	
	현재형	과거형	현재형	과거형
긍정형	明日(あした)だ 내일이다	明日(あした)だった 내일이었다	明日(あした)です 내일입니다	明日(あした)でした 내일이었습니다
부정형	明日(あした)ではない 내일이 아니다	明日(あした)ではなかった 내일이 아니었다	明日(あした)ではありません 내일이 아닙니다	明日(あした)ではありませんでした 내일이 아니었습니다

형용사

	보통체		공손체	
	현재형	과거형	현재형	과거형
긍정형	辛(から)い 맵다	辛(から)かった 매웠다	辛(から)いです 맵습니다	辛(から)かったです 매웠습니다
부정형	辛(から)くない 맵지 않다	辛(から)くなかった 맵지 않았다	辛(から)くないです 맵지 않습니다	辛(から)くなかったです 맵지 않았습니다

형용동사

	보통체		공손체	
	현재형	과거형	현재형	과거형
긍정형	有名(ゆうめい)だ 유명하다	有名(ゆうめい)だった 유명했다	有名(ゆうめい)です 유명합니다	有名(ゆうめい)でした 유명했습니다
부정형	有名(ゆうめい)ではない 유명하지 않다	有名(ゆうめい)ではなかった 유명하지 않다	有名(ゆうめい)ではありません 유명하지 않습니다	有名(ゆうめい)ではありませんでした 유명하지 않았습니다

1단동사

	보통체		공손체	
	현재형	과거형	현재형	과거형
긍정형	着る 입다	着た 입었다	着ます 입습니다	着ました 입었습니다
부정형	着ない 입지 않다	着なかった 입지 않았다	着ません 입지 않습니다	着ませんでした 입지 않았습니다

5단동사

	보통체		공손체	
	현재형	과거형	현재형	과거형
긍정형	言う 말하다	言った 말했다	言います 말합니다	言いました 말했습니다
부정형	言わない 말하지 않다	言わなかった 말하지 않았다	言いません 말하지 않습니다	言いませんでした 말하지 않았습니다

불규칙동사

	보통체		공손체	
	현재형	과거형	현재형	과거형
긍정형	する 하다	した 했다	します 합니다	しました 했습니다
부정형	しない 하지 않다	しなかった 하지 않았다	しません 하지 않습니다	しませんでした 하지 않았습니다
긍정형	くる 오다	きた 왔다	きます 옵니다	きました 왔습니다
부정형	こない 오지 않다	こなかった 오지 않았다	きません 오지 않습니다	きませんでした 오지 않았습니다

unit 02 명사 + だ 기본 활용 연습

· 다음 표를 완성하세요.

	보통체		공손체	
	현재형	과거형	현재형	과거형
긍정형	(　　　　) 학생이다	(　　　　) 학생이었다	(　　　　) 학생입니다	(　　　　) 학생이었습니다
부정형	(　　　　) 학생이 아니다	(　　　　) 학생이 아니었다	(　　　　) 학생이 아닙니다	(　　　　) 학생이 아니었습니다

	보통체		공손체	
	현재형	과거형	현재형	과거형
긍정형	(　　　　) 라면이다	(　　　　) 우동이었다	(　　　　) 오사카입니다	(　　　　) 도쿄였습니다
부정형	(　　　　) 돈이 아니다	(　　　　) 지진이 아니었다	(　　　　) 중국인이 아닙니다	(　　　　) 커피가 아니었습니다

UNIT 03 형용사 기본 활용 연습

· 다음 표를 완성하세요.

	보통체		공손체	
	현재형	과거형	현재형	과거형
긍정형	( ) 덥다	( ) 더웠다	( ) 덥습니다	( ) 더웠습니다
부정형	( ) 덥지 않다	( ) 덥지 않았다	( ) 덥지 않습니다	( ) 덥지 않았습니다

	보통체		공손체	
	현재형	과거형	현재형	과거형
긍정형	( ) 크다	( ) 맛있었다	( ) 재미있습니다	( ) 아팠습니다
부정형	( ) 새롭지 않다	( ) 즐겁지 않았다	( ) 젊지 않습니다	( ) 멀지 않았습니다

unit 04 형용동사 기본 활용 연습

· 다음 표를 완성하세요.

	보통체		공손체	
	현재형	과거형	현재형	과거형
긍정형	(　　　　　) 좋아하다	(　　　　　) 좋아했다	(　　　　　) 좋아합니다	(　　　　　) 좋아했습니다
부정형	(　　　　　) 좋아하지 않다	(　　　　　) 좋아하지 않았다	(　　　　　) 좋아하지 않습니다	(　　　　　) 좋아하지 않았습니다

	보통체		공손체	
	현재형	과거형	현재형	과거형
긍정형	(　　　　　) 훌륭하다	(　　　　　) 예뻤다	(　　　　　) 성실합니다	(　　　　　) 무리였습니다
부정형	(　　　　　) 유명하지 않다	(　　　　　) 싫어하지 않았다	(　　　　　) 간단하지 않습니다	(　　　　　) 친절하지 않았습니다

unit 05 동사 기본 활용 연습

· 다음 표를 완성하세요.

	보통체		공손체	
	현재형	과거형	현재형	과거형
긍정형	( ) 쓰다	( ) 썼다	( ) 씁니다	( ) 썼습니다
부정형	( ) 쓰지 않다	( ) 쓰지 않았다	( ) 쓰지 않습니다	( ) 쓰지 않았습니다

	보통체		공손체	
	현재형	과거형	현재형	과거형
긍정형	( ) 하다	( ) 했다	( ) 빌립니다	( ) 돌아갔습니다
부정형	( ) 오지 않다	( ) 오지 않았다	( ) 모릅니다	( ) 자지 않았습니다

unit 06 명사 + だ, 형용사, 형용동사 활용 정리

		명사 + だ	형용사	형용동사
기본형		キムチだ 김치이다	暑い 덥다	親切だ 친절하다
부정	ない	キムチではない 김치가 아니다	あつくない 덥지 않다	しんせつではない 친절하지 않다
동사(なる・する)에 이어짐	なる	×	あつくなる 더워지다	しんせつになる 친절해지다
종지(기본형)	。	キムチだ。 김치이다.	あつい。 덥다.	しんせつだ。 친절하다.
체언(명사)과 이어짐	味・時・人	キムチのあじ 김치 맛	あついとき 더울 때	しんせつなひと 친절한 사람
가정	ば	キムチなら(ば) 김치라면	あつければ 덥다면	しんせつなら(ば) 친절하면
중지	て	キムチで 김치이고	あつくて 덥고	しんせつで 친절하고
과거	た	キムチだった 김치였다	あつかった 더웠다	しんせつだった 친절했다
추측	だろう	キムチだろう 김치겠지	あついだろう 덥겠지	しんせつだろう 친절하겠지

unit 07 명사 + だ 활용 연습

· 다음 표를 완성하세요.

		명사 + だ		
기본형		キムチだ 김치다	学生だ(がくせい) 학생이다	私だ(わたし) 나다
부정	ない	(　　　　　) 김치가 아니다	(　　　　　) 학생이 아니다	(　　　　　) 내가 아니다
동사(なる·する)에 이어짐	なる	×	×	×
종지(기본형)	。	(　　　　　) 김치다.	(　　　　　) 학생이다.	(　　　　　) 나다.
체언(명사)과 이어짐	味·家·本 (あじ いえ ほん)	(　　　)味 김치의 맛	(　　　)家 학생의 집	(　　　)本 나의 책
가정	ば	(　　　　　) 김치라면	(　　　　　) 학생이라면	(　　　　　) 나라면
중지	で	(　　　　　) 김치이고	(　　　　　) 학생이고	(　　　　　) 나이고
과거	た	(　　　　　) 김치였다	(　　　　　) 학생이었다	(　　　　　) 나였다
추측	だろう	(　　　　　) 김치겠지	(　　　　　) 학생이겠지	(　　　　　) 나겠지

unit 08  형용사 활용 연습

· 다음 표를 완성하세요.

		형용사(い형용사)		
기본형		暑い 덥다	新しい 새롭다	よい 좋다
부정	ない	(　　　　　) 덥지 않다	(　　　　　) 새롭지 않다	(　　　　　) 좋지 않다
동사(なる·する)에 이어짐	なる	(　　　　　) 더워지다	(　　　　　) 새로워지다	(　　　　　) 좋아지다
종지(기본형)	。	(　　　　　) 덥다.	(　　　　　) 새롭다.	(　　　　　) 좋다.
체언(명사)과 이어짐	時·仕事·人	(　　　　)時 더울 때	(　　　　)仕事 새로운 일	(　　　　)人 좋은 사람
가정	ば	(　　　　　) 더우면	(　　　　　) 새로우면	(　　　　　) 좋으면
중지	て	(　　　　　) 덥고	(　　　　　) 새롭고	(　　　　　) 좋고
과거	た	(　　　　　) 더웠다	(　　　　　) 새로웠다	(　　　　　) 좋았다
추측	だろう	(　　　　　) 덥겠지	(　　　　　) 새롭겠지	(　　　　　) 좋겠지

unit 09 형용동사 활용 연습

· 다음 표를 완성하세요.

		형용동사(な형용사)		
기본형		静かだ 조용하다	親切だ 친절하다	好きだ 좋아하다
부정	ない	( ) 조용하지 않다	( ) 친절하지 않다	( ) 좋아하지 않다
동사(なる·する)에 이어짐	なる	( ) 조용해지다	( ) 친절해지다	( ) 좋아지다
종지(기본형)	。	( ) 조용하다.	( ) 친절하다.	( ) 좋아하다.
체언(명사)과 이어짐	時·人·味	( )時 조용한 때	( )人 친절한 사람	( )味 좋아하는 맛
가정	ば	( ) 조용하면	( ) 친절하면	( ) 좋아하면
중지	で	( ) 조용하고	( ) 친절하고	( ) 좋아하고
과거	た	( ) 조용했다	( ) 친절했다	( ) 좋아했다
추측	だろう	( ) 조용하겠지	( ) 친절하겠지	( ) 좋아하겠지

unit 10 동사 활용 정리

		1단동사		5단동사	불규칙동사	
기본형		み見る 보다	た食べる 먹다	か書く 쓰다	する 하다	く来る 오다
부정	ない	みない 보지 않다	たべない 먹지 않다	かかない 쓰지 않다	しない 하지 않다	こない 오지 않다
사역	(さ)せる	みさせる 보게 하다	たべさせる 먹게 하다	かかせる 쓰게 하다	させる 시키다	こさせる 오게 하다
수동 (자발·가능·존경)	(ら)れる	みられる 보게 되다	たべられる 먹게 되다	かかれる 쓰게 되다	される 하게 되다	こられる 오게 되다
공손	ます	みます 봅니다	たべます 먹습니다	かきます 씁니다	します 합니다	きます 옵니다
희망	たい	みたい 보고 싶다	たべたい 먹고 싶다	かきたい 쓰고 싶다	したい 하고 싶다	きたい 오고 싶다
종지(기본형)	。	みる。 보다.	たべる。 먹다.	かく。 쓰다.	する。 하다.	くる。 오다.
체언(명사)과 이어짐	ひと人	みるひと 보는 사람	たべるひと 먹는 사람	かくひと 쓰는 사람	するひと 하는 사람	くるひと 오는 사람
가정	(れ)ば	みれば 본다면	たべれば 먹는다면	かけば 쓴다면	すれば 한다면	くれば 온다면
명령(구어체)	ろ	みろ 봐(라)	たべろ 먹어(라)	かけ 써(라)	しろ 해(라)	こい 와(라)
(문장체)	よ	みよ 봐(라)	たべよ 먹어(라)		せよ 해(라)	

		1단동사		5단동사	불규칙동사	
기본형		見る 보다	食べる 먹다	書く 쓰다	する 하다	来る 오다
권유·의지	よ(う)	みよう 보자	たべよう 먹자	かこう 쓰자	しよう 하자	こよう 오자
중지	て	みて 보고	たべて 먹고	かいて 쓰고	して 하고	きて 오고
과거	た	みた 봤다	たべた 먹었다	かいた 썼다	した 했다	きた 왔다
추측	だろう	みるだろう 보겠지	たべるだろう 먹겠지	かくだろう 쓰겠지	するだろう 하겠지	くるだろう 오겠지

unit 11 1단동사 활용 연습

· 다음 표를 완성하세요.

기본형		1단동사			
		見る 보다	食べる 먹다	起きる 일어나다	寝る 자다
부정	ない	(　　　　) 보지 않다	(　　　　) 먹지 않다	(　　　　) 일어나지 않다	(　　　　) 자지 않다
사역	させる	(　　　　) 보게 하다	(　　　　) 먹게 하다	(　　　　) 일어나게 하다	(　　　　) 자게 하다
수동 (자발·가능·존경)	られる	(　　　　) 보게 되다	(　　　　) 먹게 되다	(　　　　) 일어나게 되다	(　　　　) 자게 되다
공손	ます	(　　　　) 봅니다	(　　　　) 먹습니다	(　　　　) 일어납니다	(　　　　) 잡니다
희망	たい	(　　　　) 보고 싶다	(　　　　) 먹고 싶다	(　　　　) 일어나고 싶다	(　　　　) 자고 싶다
종지(기본형)	。	(　　　　) 보다.	(　　　　) 먹다.	(　　　　) 일어나다.	(　　　　) 자다.
체언(명사)과 이어짐	人	(　　　　)人 보는 사람	(　　　　)人 먹는 사람	(　　　　)人 일어나는 사람	(　　　　)人 자는 사람
가정	れば	(　　　　) 보면	(　　　　) 먹으면	(　　　　) 일어나면	(　　　　) 자면
명령(구어체)	ろ	(　　　　) 봐라	(　　　　) 먹어라	(　　　　) 일어나라	(　　　　) 자라
(문장체)	よ	(　　　　) 봐라	(　　　　) 먹어라	(　　　　) 일어나라	(　　　　) 자라

		1단동사			
기본형		見る 보다	食べる 먹다	起きる 일어나다	寝る 자다
권유·의지	よう	(　　　) 보자	(　　　) 먹자	(　　　) 일어나자	(　　　) 자자
중지	て	(　　　) 보고	(　　　) 먹고	(　　　) 일어나고	(　　　) 자고
과거	た	(　　　) 보았다	(　　　) 먹었다	(　　　) 일어났다	(　　　) 잤다
추측	だろう	(　　　) 보겠지	(　　　) 먹겠지	(　　　) 일어나겠지	(　　　) 자겠지

unit 12 5단동사 활용 연습

· 다음 표를 완성하세요.

		5단동사			
기본형		書く 쓰다	読む 읽다	買う 사다	話す 이야기하다
부정	ない	(　　　　) 쓰지 않다	(　　　　) 읽지 않다	(　　　　) 사지 않다	(　　　　) 이야기하지 않다
사역	せる	(　　　　) 쓰게 하다	(　　　　) 읽게 하다	(　　　　) 사게 하다	(　　　　) 이야기하게 하다
수동 (자발·가능·존경)	れる	(　　　　) 쓰게 되다	(　　　　) 읽게 되다	(　　　　) 사게 되다	(　　　　) 이야기하게 되다
공손	ます	(　　　　) 씁니다	(　　　　) 읽습니다	(　　　　) 삽니다	(　　　　) 이야기합니다
희망	たい	(　　　　) 쓰고 싶다	(　　　　) 읽고 싶다	(　　　　) 사고 싶다	(　　　　) 이야기하고 싶다
종지(기본형)	。	(　　　　) 쓰다.	(　　　　) 읽다.	(　　　　) 사다.	(　　　　) 이야기하다.
체언(명사)과 이어짐	人	(　　　　)人 쓰는 사람	(　　　　)人 읽는 사람	(　　　　)人 사는 사람	(　　　　)人 이야기하는 사람
가정	ば	(　　　　) 쓰면	(　　　　) 읽으면	(　　　　) 사면	(　　　　) 이야기하면
명령(구어체)		(　　　　) 써라	(　　　　) 읽어라	(　　　　) 사라	(　　　　) 이야기해라

기본형		5단동사			
		書く 쓰다	読む 읽다	買う 사다	話す 이야기하다
권유·의지	う	(　　　　) 쓰자	(　　　　) 읽자	(　　　　) 사자	(　　　　) 이야기하자
중지	て	(　　　　) 쓰고	(　　　　) 읽고	(　　　　) 사고	(　　　　) 이야기하고
과거	た	(　　　　) 썼다	(　　　　) 읽었다	(　　　　) 샀다	(　　　　) 이야기했다
추측	だろう	(　　　　) 쓰겠지	(　　　　) 읽겠지	(　　　　) 사겠지	(　　　　) 이야기하겠지

unit 13 불규칙동사 활용 연습

· 다음 표를 완성하세요.

		불규칙동사			
기본형		する 하다	来る 오다	勉強する 공부하다	愛する 사랑하다
부정	ない	(　　　) 하지 않다	(　　　) 오지 않다	(　　　) 공부하지 않다	(　　　) 사랑하지 않다
사역	(さ)せる	(　　　) 시키다	(　　　) 오게 하다	(　　　) 공부시키다	(　　　) 사랑하게 하다
수동 (자발·가능·존경)	(ら)れる	(　　　) 하게 되다	(　　　) 오게 되다	(　　　) 공부하게 되다	(　　　) 사랑하게 되다
공손	ます	(　　　) 합니다	(　　　) 옵니다	(　　　) 공부합니다	(　　　) 사랑합니다
희망	たい	(　　　) 하고 싶다	(　　　) 오고 싶다	(　　　) 공부하고 싶다	(　　　) 사랑하고 싶다
종지(기본형)	。	(　　　) 하다.	(　　　) 오다.	(　　　) 공부하다.	(　　　) 사랑하다.
체언(명사)과 이어짐	人	(　　　)人 하는 사람	(　　　)人 오는 사람	(　　　)人 공부하는 사람	(　　　)人 사랑하는 사람
가정	れば	(　　　) 하면	(　　　) 오면	(　　　) 공부하면	(　　　) 사랑하면
명령(구어체)	ろ	(　　　) 해라	(　　　) 와라	(　　　) 공부해라	(　　　) 사랑해라
(문장체)	よ	(　　　) 해라		(　　　) 공부해라	(　　　) 사랑해라

		불규칙동사			
기본형		する 하다	来る 오다	勉強する 공부하다	愛する 사랑하다
권유·의지	よう	( ) 하자	( ) 오자	( ) 공부하자	( ) 사랑하자
중지 과거	て た	( ) 하고 ( ) 했다	( ) 오고 ( ) 왔다	( ) 공부하고 ( ) 공부했다	( ) 사랑하고 ( ) 사랑했다
추측	だろう	( ) 하겠지	( ) 오겠지	( ) 공부하겠지	( ) 사랑하겠지

⭐ 愛す · 愛する

불규칙동사 愛する(사랑하다), 訳する(번역하다), 略する(생략하다) 등은, 실제 5단동사 愛す, 訳す, 略す처럼 활용한다. 5단동사(愛す…)의 활용이 표준적이나 종지형, 연체형, 가정형은 불규칙동사(愛する…)가 표준적이다.

		5단동사	불규칙동사
기본형		愛す 사랑하다	愛する 사랑하다
부정	ない	愛さない 사랑하지 않다	愛しない 사랑하지 않다
사역	(さ)せる	愛させる 사랑하게 하다	같음
수동 (자발·가능·존경)	(ら)れる	愛される 사랑하게 되다	
공손	ます	愛します 사랑합니다	같음
희망	たい	愛したい 사랑하고 싶다	
종지(기본형)	。	愛す。 사랑하다.	愛する。 사랑하다.
체언(명사)과 이어짐	人	愛す人 사랑하는 사람	愛する人 사랑하는 사람
가정	(れ)ば	愛せば 사랑하면	愛すれば 사랑하면
명령(구어체)	ろ	愛せ 사랑해라	愛しろ 사랑해라
(문장체)	よ		愛せよ 사랑해라
권유·의지	よう	愛しよう 사랑하자	같음
중지	て	愛して 사랑하고	같음
과거	た	愛した 사랑했다	
추측	だろう	愛するだろう 사랑하겠지	같음

unit 14 명사 수식 정리
(명사 + だ, 형용사, 형용동사, 동사 + 명사)

명사

	보통체	
	현재형	과거형
긍정형	学生だ 학생이다 学生の 弟 학생인 남동생	学生だった 학생이었다 学生だった 弟 학생이었던 남동생
부정형	学生ではない 학생이 아니다 学生ではない 弟 학생이 아닌 남동생	学生ではなかった 학생이 아니었다 学生ではなかった 弟 학생이 아니었던 남동생

형용사

	보통체	
	현재형	과거형
긍정형	暑い 덥다 暑い日 더운 날	暑かった 더웠다 暑かった日 더웠던 날
부정형	暑くない 덥지 않다 暑くない日 덥지 않은 날	暑くなかった 덥지 않았다 暑くなかった日 덥지 않았던 날

형용동사

	보통체	
	현재형	과거형
긍정형	好きだ 좋아하다 好きな服 좋아하는 옷	好きだった 좋아했다 好きだった服 좋아했던 옷
부정형	好きではない 좋아하지 않다 好きではない服 좋아하지 않는 옷	好きではなかった 좋아하지 않았다 好きではなかった服 좋아하지 않았던 옷

동사

	보통체	
	현재형	과거형
긍정형	飛ぶ 날다 飛ぶ鳥 나는 새	飛んだ 날았다 飛んだ鳥 날았던 새
부정형	飛ばない 날지 않다 飛ばない鳥 날지 않는 새	飛ばなかった 날지 않았다 飛ばなかった鳥 날지 않았던 새

unit 15 명사 수식 연습
(명사 + だ, 형용사, 형용동사, 동사 + 명사)

· 다음 표를 완성하세요.

명사

	보통체	
	현재형	과거형
긍정형	(　　　　　　　　　　) 회사원인 언니	(　　　　　　　　　　　) 회사원이었던 언니
부정형	(　　　　　　　　　　) 회사원이 아닌 언니	(　　　　　　　　　　　) 회사원이 아니었던 언니

형용사

	보통체	
	현재형	과거형
긍정형	(　　　　　　　　　　) 추운 날	(　　　　　　　　　　　) 추웠던 날
부정형	(　　　　　　　　　　) 춥지 않은 날	(　　　　　　　　　　　) 춥지 않았던 날

형용동사

	보통체	
	현재형	과거형
긍정형	(　　　　　　　　　　) 친절한 사람	(　　　　　　　　　　　) 친절했던 사람
부정형	(　　　　　　　　　　) 친절하지 않은 사람	(　　　　　　　　　　　) 친절하지 않았던 사람

동사

	보통체	
	현재형	과거형
긍정형	(　　　　　　　　　) 웃는 사람	(　　　　　　　　　) 웃은 사람
부정형	(　　　　　　　　　) 웃지 않는 사람	(　　　　　　　　　) 웃지 않았던 사람

부록

| 진단 TEST | 결과 TEST | 정답 |

진단 TEST

틀린 부분을 찾아 바르게 고치시오.

01. これはパンがない。 →
02. これは辞書がありません。 →
03. 本当に怖いだ。 →
04. たばこはよないです。 →
05. 頭が痛います。 →
06. 魚が好きない。 →
07. 英語が嫌くはありません。 →
08. ○○温泉は有名する。 →
09. 朝ご飯を食べらない。 →
10. 友達が学校に来ない。 →
11. たばこを吸いない。 →
12. 朝5時に起きります。 →
13. 服を着ります。 →
14. 私はこう思いです。 →
15. ちょっと違いです。 →
16. いいの先生だ。 →
17. 彼は私友達です。 →
18. 嫌い食べ物が多い。 →
19. 必要するものは何ですか。 →
20. 一緒に食べ人がいない。 →
21. そこに多い人がいる。 →
22. おいしいで安い。 →
23. 本を読んでいる。 →
24. 食べって飲んで遊ぶ。 →

25. 私たちは知ている。　　　　→ _____
26. 一度やってみって。　　　　→ _____
27. ちょっと待て。　　　　　　→ _____
28. 大学の先生が書った。　　　→ _____
29. 今日もにぎやかて楽しい一日でした。→ _____
30. 私は昨日来った。　　　　　→ _____
31. 値段が高った。　　　　　　→ _____
32. 彼は静かった。　　　　　　→ _____
33. 12時に帰た。　　　　　　　→ _____
34. 詳しい説明する。　　　　　→ _____
35. 質問に答えする。　　　　　→ _____
36. もう暑くになりました。　　→ _____
37. どのように考えばいいですか。→ _____
38. どうすればいいですか。　　→ _____
39. 明日来ればいい。　　　　　→ _____
40. 悲しれば泣けばいい。　　　→ _____
41. 静かば行く。　　　　　　　→ _____
42. 話すれば分かる。　　　　　→ _____
43. 明日また話しよう。　　　　→ _____
44. やさいをたくさん食べろう。→ _____
45. これを見ろう。　　　　　　→ _____
46. 早く来ろ。　　　　　　　　→ _____
47. 昨日は暑いでしたか。　　　→ _____
48. 辞書で調べれば分かれる。　→ _____
49. 家に帰たいです。　　　　　→ _____
50. やさしい言葉で書きられた。→ _____

결과 TEST

틀린 부분을 찾아 바르게 고치시오.

01. これはパンがない。 → _____
02. これは辞書がありません。 → _____
03. 本当に怖いだ。 → _____
04. たばこはよないです。 → _____
05. 頭が痛います。 → _____
06. 魚が好きない。 → _____
07. 英語が嫌くはありません。 → _____
08. ○○温泉は有名する。 → _____
09. 朝ご飯を食べらない。 → _____
10. 友達が学校に来ない。 → _____
11. たばこを吸いない。 → _____
12. 朝5時に起きります。 → _____
13. 服を着ります。 → _____
14. 私はこう思いです。 → _____
15. ちょっと違いです。 → _____
16. いいの先生だ。 → _____
17. 彼は私友達です。 → _____
18. 嫌い食べ物が多い。 → _____
19. 必要するものは何ですか。 → _____
20. 一緒に食べ人がいない。 → _____
21. そこに多い人がいる。 → _____
22. おいしいで安い。 → _____
23. 本を読んている。 → _____
24. 食べって飲んで遊ぶ。 → _____

25. 私たちは知ている。 →
26. 一度やってみって。 →
27. ちょっと待て。 →
28. 大学の先生が書った。 →
29. 今日もにぎやかて楽しい一日でした。 →
30. 私は昨日来った。 →
31. 値段が高った。 →
32. 彼は静かった。 →
33. 12時に帰た。 →
34. 詳しい説明する。 →
35. 質問に答えする。 →
36. もう暑くになりました。 →
37. どのように考えばいいですか。 →
38. どうしればいいですか。 →
39. 明日来ればいい。 →
40. 悲しれば泣けばいい。 →
41. 静かば行く。 →
42. 話すれば分かる。 →
43. 明日また話しよう。 →
44. やさいをたくさん食べろう。 →
45. これを見ろう。 →
46. 早く来ろ。 →
47. 昨日は暑いでしたか。 →
48. 辞書で調べれば分かれる。 →
49. 家に帰たいです。 →
50. やさしい言葉で書きられた。 →

정답

진단 TEST / 결과 TEST

01. これはパン**では**ない。
이것은 빵이 아니다.

02. これは辞書**では**ありません。
이것은 사전이 아닙니다.

03. 本当に**怖い**。
정말로 무섭다.

04. たばこは**よく**ないです。
담배는 좋지 않습니다.

05. 頭が痛い**です**。
머리가 아픕니다.

06. 魚が好き**ではない**。
생선을 좋아하지 않다.

07. 英語が**嫌いでは**ありません。
영어를 싫어하지 않습니다.

08. ○○温泉は有名**だ**。
○○온천은 유명하다.

09. 朝ご飯を**食べない**。
아침밥을 먹지 않는다.

10. 友達が学校に**来**ない。
친구가 학교에 오지 않는다.

11. たばこを**吸わ**ない。
담배를 피우지 않는다.

12. 朝 5 時に**起きます**。
아침 5시에 일어납니다.

13. 服を**着ます**。
옷을 입습니다.

14. 私はこう**思います**。
나는 이렇게 생각합니다.

15. ちょっと**違います**。
좀 다릅니다.

16. **いい先生**だ。
좋은 선생님이다.

17. 彼は私**の**友達です。
그는 내 친구입니다.

18. **嫌いな**食べ物が多い。
싫어하는 음식이 많다.

19. **必要な**ものは何ですか。
필요한 것은 무엇입니까?

20. 一緒に**食べる**人がいない。
함께 먹을 사람이 없다.

21. そこに**多くの人**がいる。
거기에 많은 사람이 있다.

22. **おいしくて**安い。
맛있고 싸다.

23. 本を**読ん**でいる。
책을 읽고 있다.

24. **食べて**飲んで遊ぶ。
먹고 마시고 놀다.

25. 私たちは**知っ**ている。
우리들은 알고 있다.

26. 一度やって**み**て。
한번 해 봐.

27. ちょっと**待っ**て。
잠깐 기다려.

28. 大学の先生が書いた。
대학교 선생님이 썼다.

29. 今日もにぎやかで楽しい一日でした。
오늘도 활기차고 즐거운 하루였습니다.

30. 私は昨日来た。
나는 어제 왔다.

31. 値段が高かった。
가격이 비쌌다.

32. 彼は静かだった。
그는 조용했다.

33. 12時に帰った。
12시에 돌아왔다.

34. 詳しく説明する。
자세히 설명하다.

35. 質問に答える。
질문에 대답하다.

36. もう暑くなりました。
벌써 더워졌습니다.

37. どのように考えればいいですか。
어떻게 생각하면 좋습니까?

38. どうすればいいですか。
어떻게 하면 됩니까?

39. 明日来ればいい。
내일 오면 된다.

40. 悲しければ泣けばいい。
슬프면 울면 된다.

41. 静かなら行く。
조용하면 간다.

42. 話せば分かる。
이야기하면 알 수 있다.

43. 明日また話そう。
내일 또 이야기하자.

44. やさいをたくさん食べよう。
야채를 많이 먹자.

45. これを見ろ。
이걸 봐라.

46. 早く来い。
빨리 와라.

47. 昨日は暑かったですか。
어제는 더웠습니까?

48. 辞書で調べれば分かる。
사전에서 찾아보면 알 수 있다.

49. 家に帰りたいです。
집에 돌아가고 싶습니다.

50. やさしい言葉で書かれた。
쉬운 말로 쓰였다.

PART I

unit 01 — P. 014

1. ○
2. ○
3. ○
4. ○
5. ×

unit 02 — P. 017

1. A: これ何。
   B: コーヒー。
2. A: 今、どこ。
   B: 学校。
3. A: どれ。
   B: これ。
4. A: どっち。
   B: こっち。
5. A: 何時。
   B: １時。
6. A: 何人。
   B: 一人。二人。三人。
7. A: いくつ。
   B: 一つ。
8. A: いくつ。
   B: 二十歳。
9. A: 大学、どこ。
   B: 韓国大学。
10. 私、ラーメン。

unit 03 — P. 020

1. 広い。
2. 遠い。
3. 重い。
4. 安い。
5. 危ない!
6. うるさい。
7. うん、寒い。
8. 暑い。
9. ああ、こわい。
10. うわっ、辛い。

unit 04 — P. 022

1. 静かだ。
2. 下手だ。
3. あ、大変だ。
4. みんな親切だ。
5. 彼女はきれいだ。
6. これは簡単だ。
7. これ無理だ。
8. ここは有名だ。
9. 一番楽だ。
10. かぜ、大丈夫。

unit 05 — P. 025

A

1. 5단
2. 1단
3. 1단
4. 1단
5. 5단
6. 1단
7. 1단
8. 5단

9. 5단
10. 5단
11. 5단
12. 불규칙
13. 불규칙
14. 불규칙
15. 5단

B
1. 考える。
2. 会う。
3. 勉強する。
4. 朝ご飯食べる。
5. 何飲む。ビール。しょうちゅう。
6. A: やる。
   B: うん、やる。
7. A: いつ食べる。
   B: 後で。
8. A: どこに行く。
   B: トイレ。
9. A: これから何する。
   B: レポート書く。
10. A: いつ行く。
    B: 今。

unit 06   P. 028

A

1.

	보통체	공손체
긍정형	お菓子だ 과자다	(お菓子です) 과자입니다
부정형	(お菓子では[=じゃ]ない) 과자가 아니다	(お菓子では[=じゃ]ありません) 과자가 아닙니다

2.

	보통체	공손체
긍정형	ラーメンだ 라면이다	(ラーメンです) 라면입니다
부정형	(ラーメンでは[=じゃ]ない) 라면이 아니다	(ラーメンでは[=じゃ]ありません) 라면이 아닙니다

3.

	보통체	공손체
긍정형	一つだ 하나다	(一つです) 하나입니다
부정형	(一つでは[=じゃ]ない) 하나가 아니다	(一つでは[=じゃ]ありません) 하나가 아닙니다

B
1. 猫だ。
2. 駅です。
3. キムチです。
4. これは何ですか。
5. ここでは(=じゃ)ない。
6. 私は中国人では(=じゃ)ありません。
7. これでは(=じゃ)ない。
8. いいえ、それでは(=じゃ)ありません。
9. トマトは果物では(=じゃ)ない。
10. あっ、地震だ。

unit 07

P. 031

A

1.

	보통체	공손체
긍정형	遠い 멀다	(遠いです) 멉니다
부정형	(遠くない) 멀지 않다	(遠くないです) 멀지 않습니다

2.

	보통체	공손체
긍정형	難しい 어렵다	(難しいです) 어렵습니다
부정형	(難しくない) 어렵지 않다	(難しくないです) 어렵지 않습니다

3.

	보통체	공손체
긍정형	おもしろい 재미있다	(おもしろいです) 재미있습니다
부정형	(おもしろくない) 재미있지 않다	(おもしろくないです) 재미있지 않습니다

B

1. 学校が大きい。
2. いいですか。
3. これは、高くない。
4. 赤くないです。
5. 辛いです。
6. 寒くない。
7. 本当に甘い。
8. 重くない。
9. 痛くないですか。
10. 学食はおいしい。

unit 08

P. 034

A

1.

	보통체	공손체
긍정형	有名だ 유명하다	(有名です) 유명합니다
부정형	(有名では[=じゃ]ない) 유명하지 않다	(有名では[=じゃ]ありません) 유명하지 않습니다

2.

	보통체	공손체
긍정형	まじめだ 성실하다	(まじめです) 성실합니다
부정형	(まじめでは[=じゃ]ない) 성실하지 않다	(まじめでは[=じゃ]ありません) 성실하지 않습니다

3.

	보통체	공손체
긍정형	立派だ 훌륭하다	(立派です) 훌륭합니다
부정형	(立派では[=じゃ]ない) 훌륭하지 않다	(立派では[=じゃ]ありません) 훌륭하지 않습니다

B

1. きらいだ。
2. 上手ですか。
3. 下手では(=じゃ)ありませんか。
4. 静かでは(=じゃ)ない。
5. 私は大丈夫。
6. いいえ、あまりきれいでは(=じゃ)ありません。
7. これは便利ですか。
8. 彼は親切では(=じゃ)ありません。
9. とても簡単です。

10. きれい。

unit 09 P. 037

A

1.

	보통체	공손체
긍정형	着る 입다	(着ます) 입습니다
부정형	(着ない) 입지 않다	(着ません) 입지 않습니다

2.

	보통체	공손체
긍정형	考える 생각하다	(考えます) 생각합니다
부정형	(考えない) 생각하지 않다	(考えません) 생각하지 않습니다

3.

	보통체	공손체
긍정형	くれる 주다(다른 사람이 자신에게)	(くれます) 줍니다
부정형	(くれない) 주지 않다	(くれません) 주지 않습니다

B

1. できる。
2. 借ります。
3. 食べない。
4. 寝ません。
5. 見ません。
6. 食べる。
7. ここに入れますか。
8. 落ちない。
9. ここで降りますか。

10. A: いつ起きますか。
    B: 6時。

unit 10 P. 040

A

1.

	보통체	공손체
긍정형	泳ぐ 헤엄치다	(泳ぎます) 헤엄칩니다
부정형	(泳がない) 헤엄치지 않다	(泳ぎません) 헤엄치지 않습니다

2.

	보통체	공손체
긍정형	送る 보내다	(送ります) 보냅니다
부정형	(送らない) 보내지 않다	(送りません) 보내지 않습니다

3.

	보통체	공손체
긍정형	聞く 듣다	(聞きます) 듣습니다
부정형	(聞かない) 듣지 않다	(聞きません) 듣지 않습니다

B

1. 待ちます。
2. 買わない。
3. 会いません。
4. 一緒に遊びませんか。
5. 地下鉄に乗らない。
6. なぜ新聞を読みませんか。
7. 私は話さない。
8. 飲む。
9. 行かない。

10. 私は知らない。

unit 11 — P. 043

A
1. する。
2. しない。
3. します。
4. しません。
5. 来る。
6. 来ない。
7. 来ます。
8. 来ません。

B
1. 勉強する。
2. しますか。
3. 来ない。
4. 来ません。
5. 何も約束しない。
6. 来ない。
7. いつ来ますか。
8. 電話しません。
9. 散歩をしませんか。
10. いつも来ます。

unit 12 — P. 048

A
1. 私のけいたい
2. おいしいラーメン
3. 安全な学校
4. 考える人
5. 待つ男

B
1. きれいな花です。
2. 日本語を話す人が多い。
3. 電話することがある。
4. 同じものですか。
5. 来ない人を待つ。
6. 勉強しない学生もいる。
7. 好きではない人と結婚する。
8. 辛くないキムチもあります。
9. それは私のものではない。
10. どこへ行くんですか。

unit 13 — P. 049

A
1. 学生で
2. 辛くて
3. 好きで
4. 起きて
5. して
6. 来て

B
1. これはすしで、あれはうどんです。
2. キムチは辛くて、甘くて、すっぱい。
3. 肉は好きで、魚はきらいだ。
4. ご飯を食べて、ラーメンも食べる。
5. 韓国に来て勉強する。
6. 電話して来る。
7. これは私ので、あれは彼女のだ。
8. 公園は広くて、静かで、きれいだ。
9. 近くて遠い日本。
10. 仕事は楽で楽しい。

unit 14 — P. 051

A
1. 書いて
2. 泳いで
3. 待って
4. 乗って
5. 言って
6. 読んで
7. 死んで
8. 遊んで
9. 話して
10. 行って

B
1. 聞いて話して読んで書く。
2. 食べて飲んで踊って遊ぶ。
3. バスに乗って、学校に行く。
4. 箸を使って、ご飯を食べます。
5. お金をためて留学します。
6. 見て聞いて食べて楽しむ。
7. 遊んで暮す。
8. 傘をさして、歩きます。
9. 靴をはいて、走ります。
10. ゆっくり休んで、帰ります。

unit 15 — P. 055

A
1. 学生だった
2. 辛かった
3. 好きだった
4. 起きた
5. した
6. 来た

B
1. いい人だった。
2. 昨日のラーメンはおいしかった。
3. あなたがきらいだった。
4. 私もそれ考えた。
5. 昨日来た。
6. 友達とテニスをした。
7. 彼と約束した。
8. 先生は有名だった。
9. 素敵な服を着た。
10. 一度は信じた。

unit 16 — P. 057

A
1. 書いた
2. 泳いだ
3. 待った
4. 乗った
5. 言った
6. 読んだ
7. 死んだ
8. 遊んだ
9. 話した
10. 行った

B
1. 見た、来た、勝った。
2. 友達を呼んだ。
3. 先生が書いた。
4. 学校に行った。
5. 日本語で日本人と話した。
6. 公園を散歩した。
7. 小説を読んだ。
8. お土産を買った。
9. プールで泳いだ。
10. 日本に帰った。

unit 17
P. 060

A
1. 学生ではなかった
2. 甘くなかった
3. 好きではなかった
4. 起きなかった
5. 書かなかった
6. しなかった
7. 来なかった

B
1. 悪い人ではなかった。
2. キムチは辛くなかった。
3. 肉は好きではなかった。
4. 全く意味が分からなかった。
5. 昨日来なかった。
6. 若い時に勉強しなかった。
7. 私は宿題をしなかった。
8. 仕事は簡単ではなかった。
9. 彼は見なかった。
10. 何も信じなかった。

unit 18
P. 062

A

1.

	형용사 + なる	형용사 + する
辛い 맵다	(辛くなる) 매워지다	(辛くする) 맵게 하다
白い 하얗다	(白くなる) 하얘지다	(白くする) 하얗게 하다

2.

	형용동사 + なる	형용동사 + する
便利だ 편리하다	(便利になる) 편리해지다	(便利にする) 편리하게 하다
親切だ 친절하다	(親切になる) 친절해지다	(親切にする) 친절하게 하다

3.

형용사 + 동사	형용동사 + 동사
(高く買う) 비싸게 사다	(適当に食べる) 적당히 먹다
(早く走る) 빨리 달리다	(簡単に作る) 간단하게 만들다

B
1. 顔が赤くなる。
2. おいしく食べる。
3. 早くなる。
4. きれいになった。
5. 変に見える。
6. 高く買って安く売る。
7. 上手に歌う。
8. 図書館で静かにしてください。
9. 詳しく説明した。
10. 深く考えて決める。

unit 19
P. 064

A
1. 勉強なら(ば)
2. 辛ければ
3. 好きなら(ば)
4. 起きれば
5. 読めば
6. すれば
7. 来れば

B

1. 学生なら(ば)勉強をすること。
2. 暑ければ開けて、寒ければ閉める。
3. こんなに便利なら(ば)もっと早く買えばよかった。
4. もっと遅く来ればよかった。
5. 勉強すれば成績が伸びる。
6. すしが好きなら(ば)食べてください。
7. 無理なら(ば)やめる。
8. 私なら見ない。
9. 見れば分かる。
10. 分かる人だけ分かればいい。

unit 20 P.068

A

1. ラーメンだろう
2. 辛いだろう
3. 好きだろう
4. 起きるだろう
5. 読むだろう
6. するだろう
7. 来るだろう

B

1. 明日雨でしょう。
2. また行くでしょう。
3. ものすごく不安だろう。
4. どうすればいいだろう。
5. 同じことをするでしょう。
6. 明日は来るだろう。
7. これなら大丈夫でしょう。
8. 安ければ買うだろう。
9. これがなければつらいだろう。
10. これおいしいでしょう。

unit 21 P.069

A

	보통체	공손체
起きる 일어나다	(起きよう) 일어나자	(起きましょう) 일어납시다
帰る 돌아가다	(帰ろう) 돌아가자	(帰りましょう) 돌아갑시다
する 하다	(しよう) 하자	(しましょう) 합시다
来る 오다	(来よう) 오자	(来ましょう) 옵시다
遊ぶ 놀다	(遊ぼう) 놀자	(遊びましょう) 놉시다

B

1. 缶コーヒーをやめよう。
2. 早く起きよう。
3. 二人で遊ぼう。
4. 東京を散歩しよう。
5. ご飯を食べよう。
6. 今日は本を読もう。
7. 文法を勉強しよう。
8. 安全に楽しく自転車に乗りましょう。
9. お茶でも飲みましょう。
10. 今度食事に行きましょう。

unit 22 P.071

A

1. 食べろ·食べよ
2. 乗れ
3. しろ·せよ
4. 来い
5. 読め

B
1. これを見ろ。
2. 車に気をつけろ。
3. 早く帰れ。
4. もっと早く走れ。
5. 勝手にしろ。
6. しっかり勉強しろ。
7. こちらに来い。
8. 今すぐ別れろ。
9. あちらに行け。
10. 急がば回れ。

unit 23　P. 073

A
1. 学生でした
2. 辛かったです
3. 好きでした
4. 起きました
5. 買いました
6. しました
7. 来ました

B
1. おいしいラーメンでした。
2. ちょっと寒かったです。
3. 交通が不便でした。
4. 詳しく説明しました。
5. 春が来ました。
6. 先生と話しました。
7. 夜は静かでした。
8. 英語の勉強がきらいでした。
9. 薬を飲みました。
10. もう終わりました。

unit 24　P. 075

A
1. 学生ではありませんでした
2. 重くなかったです
3. 好きではありませんでした
4. 起きませんでした
5. 書きませんでした
6. しませんでした
7. 来ませんでした

B
1. 私の趣味ではありませんでした。
2. 英語は難しくなかったです。
3. 交通は不便ではありませんでした。
4. 理由を説明しませんでした。
5. メールが来ませんでした。
6. 自転車に乗りませんでした。
7. 決して楽ではありませんでした。
8. 牛乳が好きではありませんでした。
9. 学校に行きませんでした。
10. それほどよくなかったです。

unit 25　P. 078

A
1. 強さ
2. 重要さ
3. 覚え
4. 動き
5. 感じ

B
1. 暑さに負けない。
2. 健康の大切さが分かりました。
3. 長さは同じです。
4. いい匂いがする。
5. 日本語の読み・書き・話し・聞きができる。

6. 食べすぎ・飲みすぎに注意。
7. 飲み会で帰りが遅い。
8. 夏休みも終わりです。
9. 言葉には重みがある。
10. この箱の重さはどれくらいですか。

unit 26　P. 080

A

1. 起きられる
2. 読める
3. できる
4. 来られる
5. 買える

B

1. 安く買えれば満足できます。
2. 何時に起きられますか。
3. 一緒に飲める人がいいです。
4. 英語が自由に話せます。
5. 早く泳げますか。
6. これはどこに行けば食べられますか。
7. 人は一人で生きられない。
8. 一人ではできない。
9. 本当に信じられない。
10. 彼は今日は来られない。

unit 27　P. 082

A

	수동	사역
起きる 일어나다	(起きられる) 일어나게 되다	(起きさせる) 일어나게 하다
読む 읽다	(読まれる) 읽게 되다	(読ませる) 읽게 하다
する 하다	(される) 하게 되다	(させる) 하게 하다
来る 오다	(来られる) 오게 되다	(来させる) 오게 하다

B

1. 友達を無理に来させる。
2. 幼い頃、父に死なれました。
3. 小学生に考えさせる授業。
4. いつも友達に笑われます。
5. １人１人に切符を買わせる。
6. 雨が降る。雨に降られた。
7. 先生がよく運動をさせました。
8. 犬に噛まれた。
9. 先生に見られました。
10. 昨日、母に叱られました。

PART II

unit 02
P. 086

	보통체		공손체	
	현재형	과거형	현재형	과거형
긍정형	(学生だ) 학생이다	(学生だった) 학생이었다	(学生です) 학생입니다	(学生でした) 학생이었습니다
부정형	(学生じゃない) 학생이 아니다	(学生じゃなかった) 학생이 아니었다	(学生じゃありません) 학생이 아닙니다	(学生じゃありませんでした) 학생이 아니었습니다

	보통체		공손체	
	현재형	과거형	현재형	과거형
긍정형	(ラーメンだ) 라면이다	(うどんだった) 우동이었다	(大阪です) 오사카입니다	(東京でした) 도쿄였습니다
부정형	(お金じゃない) 돈이 아니다	(地震じゃなかった) 지진이 아니었다	(中国人じゃありません) 중국인이 아닙니다	(コーヒーじゃありませんでした) 커피가 아니었습니다

unit 03
P. 087

	보통체		공손체	
	현재형	과거형	현재형	과거형
긍정형	(暑い) 덥다	(暑かった) 더웠다	(暑いです) 덥습니다	(暑かったです) 더웠습니다
부정형	(暑くない) 덥지 않다	(暑くなかった) 덥지 않았다	(暑くないです) 덥지 않습니다	(暑くなかったです) 덥지 않았습니다

	보통체		공손체	
	현재형	과거형	현재형	과거형
긍정형	(大きい) 크다	(おいしかった) 맛있었다	(おもしろいです) 재미있습니다	(痛かったです) 아팠습니다
부정형	(新しくない) 새롭지 않다	(楽しくなかった) 즐겁지 않았다	(若くないです) 젊지 않습니다	(遠くなかったです) 멀지 않았습니다

unit 04 P. 088

	보통체		공손체	
	현재형	과거형	현재형	과거형
긍정형	(好きだ) 좋아하다	(好きだった) 좋아했다	(好きです) 좋아합니다	(好きでした) 좋아했습니다
부정형	(好きではない) 좋아하지 않다	(好きではなかった) 좋아하지 않았다	(好きではありません) 좋아하지 않습니다	(好きではありませんでした) 좋아하지 않았습니다

	보통체		공손체	
	현재형	과거형	현재형	과거형
긍정형	(立派だ) 훌륭하다	(きれいだった) 예뻤다	(まじめです) 성실합니다	(無理でした) 무리였습니다
부정형	(有名ではない) 유명하지 않다	(嫌いではなかった) 싫어하지 않았다	(簡単ではありません) 간단하지 않습니다	(親切ではありませんでした) 친절하지 않았습니다

unit 05 P. 089

	보통체		공손체	
	현재형	과거형	현재형	과거형
긍정형	(書く) 쓰다	(書いた) 썼다	(書きます) 씁니다	(書きました) 썼습니다
부정형	(書かない) 쓰지 않다	(書かなかった) 쓰지 않았다	(書きません) 쓰지 않습니다	(書きませんでした) 쓰지 않았습니다

	보통체		공손체	
	현재형	과거형	현재형	과거형
긍정형	(する) 하다	(した) 했다	(借ります) 빌립니다	(帰りました) 돌아갔습니다
부정형	(来ない) 오지 않다	(来なかった) 오지 않았다	(分かりません) 모릅니다	(寝ませんでした) 자지 않았습니다

unit 07

P. 091

		명사 + だ		
기본형		キムチだ 김치다	学生だ 학생이다	私だ 나다
부정	ない	(キムチではない) 김치가 아니다	(学生ではない) 학생이 아니다	(私ではない) 내가 아니다
동사(なる・する)에 이어짐	なる	×	×	×
종지(기본형)	。	(キムチだ) 김치다.	(学生だ) 학생이다.	(私だ) 나다.
체언(명사)과 이어짐	味・家・本	(キムチの)味 김치의 맛	(学生の)家 학생의 집	(私の)本 나의 책
가정	ば	(キムチなら[ば]) 김치라면	(学生なら[ば]) 학생이라면	(私なら[ば]) 나라면
중지	で	(キムチで) 김치이고	(学生で) 학생이고	(私で) 나이고
과거	た	(キムチだった) 김치였다	(学生だった) 학생이었다	(私だった) 나였다
추측	だろう	(キムチだろう) 김치겠지	(学生だろう) 학생이겠지	(私だろう) 나겠지

unit 08

P. 092

		형용사(い형용사)		
기본형		暑い 덥다	新しい 새롭다	よい 좋다
부정	ない	(暑くない) 덥지 않다	(新しくない) 새롭지 않다	(よくない) 좋지 않다
동사(なる·する)에 이어짐	なる	(暑くなる) 더워지다	(新しくなる) 새로워지다	(よくなる) 좋아지다
종지(기본형)	。	(暑い) 덥다.	(新しい) 새롭다.	(よい) 좋다.
체언(명사)과 이어짐	時·仕事·人	(暑い)時 더울 때	(新しい)仕事 새로운 일	(よい)人 좋은 사람
가정	ば	(暑ければ) 더우면	(新しければ) 새로우면	(よければ) 좋으면)
중지	て	(暑くて) 덥고	(新しくて) 새롭고	(よくて) 좋고
과거	た	(暑かった) 더웠다	(新しかった) 새로웠다	(よかった) 좋았다
추측	だろう	(暑いだろう) 덥겠지	(新しいだろう) 새롭겠지	(よいだろう) 좋겠지

unit 09

P. 093

		형용동사(な형용사)		
기본형		静かだ 조용하다	親切だ 친절하다	好きだ 좋아하다
부정	ない	(静かではない) 조용하지 않다	(親切ではない) 친절하지 않다	(好きではない) 좋아하지 않다
동사(なる·する)에 이어짐	なる	(静かになる) 조용해지다	(親切になる) 친절해지다	(好きになる) 좋아지다
종지(기본형)	。	(静かだ) 조용하다.	(親切だ) 친절하다.	(好きだ) 좋아하다.
체언(명사)과 이어짐	時·人·味	(静かな)時 조용한 때	(親切な)人 친절한 사람	(好きな)味 좋아하는 맛

가정	ば	(静かなら[ば]) 조용하면	(親切なら[ば]) 친절하면	(好きなら[ば]) 좋아하면
중지	で	(静かで) 조용하고	(親切で) 친절하고	(好きで) 좋아하고
과거	た	(静かだった) 조용했다	(親切だった) 친절했다	(好きだった) 좋아했다
추측	だろう	(静かだろう) 조용하겠지	(親切だろう) 친절하겠지	(好きだろう) 좋아하겠지

unit 11

P. 096

		1단동사			
기본형		見る 보다	食べる 먹다	起きる 일어나다	寝る 자다
부정	ない	(見ない) 보지 않다	(食べない) 먹지 않다	(起きない) 일어나지 않다	(寝ない) 자지 않다
사역	させる	(見させる) 보게 하다	(食べさせる) 먹게 하다	(起きさせる) 일어나게 하다	(寝させる) 자게 하다
수동 (자발·가능·존경)	られる	(見られる) 보게 되다	(食べられる) 먹게 되다	(起きられる) 일어나게 되다	(寝られる) 자게 되다
공손	ます	(見ます) 봅니다	(食べます) 먹습니다	(起きます) 일어납니다	(寝ます) 잡니다
희망	たい	(見たい) 보고 싶다	(食べたい) 먹고 싶다	(起きたい) 일어나고 싶다	(寝たい) 자고 싶다
종지(기본형)	。	(見る) 보다.	(食べる) 먹다.	(起きる) 일어나다.	(寝る) 자다.
체언(명사)과 이어짐	人	(見る)人 보는 사람	(食べる)人 먹는 사람	(起きる)人 일어나는 사람	(寝る)人 자는 사람
가정	れば	(見れば) 보면	(食べれば) 먹으면	(起きれば) 일어나면	(寝れば) 자면
명령(구어체)	ろ	(見ろ) 봐라	(食べろ) 먹어라	(起きろ) 일어나라	(寝ろ) 자라
(문장체)	よ	(見よ) 봐라	(食べよ) 먹어라	(起きよ) 일어나라	(寝よ) 자라
권유·의지	よう	(見よう) 보자	(食べよう) 먹자	(起きよう) 일어나자	(寝よう) 자자

중지	て	(見て) 보고	(食べて) 먹고	(起きて) 일어나고	(寝て) 자고
과거	た	(見た) 보았다	(食べた) 먹었다	(起きた) 일어났다	(寝た) 잤다
추측	だろう	(見るだろう) 보겠지	(食べるだろう) 먹겠지	(起きるだろう) 일어나겠지	(寝るだろう) 자겠지

unit 12

P. 098

		5단동사			
기본형		書く 쓰다	読む 읽다	買う 사다	話す 이야기하다
부정	ない	(書かない) 쓰지 않다	(読まない) 읽지 않다	(買わない) 사지 않다	(話さない) 이야기하지 않다
사역	せる	(書かせる) 쓰게 하다	(読ませる) 읽게 하다	(買わせる) 사게 하다	(話させる) 이야기하게 하다
수동 (자발·가능·존경)	れる	(書かれる) 쓰게 되다	(読まれる) 읽게 되다	(買われる) 사게 되다	(話される) 이야기하게 되다
공손	ます	(書きます) 씁니다	(読みます) 읽습니다	(買います) 삽니다	(話します) 이야기합니다
희망	たい	(書きたい) 쓰고 싶다	(読みたい) 읽고 싶다	(買いたい) 사고 싶다	(話したい) 이야기하고 싶다
종지(기본형)	。	(書く) 쓰다.	(読む) 읽다.	(買う) 사다.	(話す) 이야기하다.
체언(명사)과 이어짐	人	(書く)人 쓰는 사람	(読む)人 읽는 사람	(買う)人 사는 사람	(話す)人 이야기하는 사람
가정	ば	(書けば) 쓰면	(読めば) 읽으면	(買えば) 사면	(話せば) 이야기하면
명령(구어체)		(書け) 써라	(読め) 읽어라	(買え) 사라	(話せ) 이야기해라
권유·의지	う	(書こう) 쓰자	(読もう) 읽자	(買おう) 사자	(話そう) 이야기하자
중지	て	(書いて) 쓰고	(読んで) 읽고	(買って) 사고	(話して) 이야기하고
과거	た	(書いた) 썼다	(読んだ) 읽었다	(買った) 샀다	(話した) 이야기했다

		(書くだろう) 쓰겠지	(読むだろう) 읽겠지	(買うだろう) 사겠지	(話すだろう) 이야기하겠지
추측	だろう				

unit 13

P. 100

		불규칙동사			
기본형		する 하다	来る 오다	勉強する 공부하다	愛する 사랑하다
부정	ない	(しない) 하지 않다	(来ない) 오지 않다	(勉強しない) 공부하지 않다	(愛しない) 사랑하지 않다
사역	(さ)せる	(させる) 시키다	(来させる) 오게 하다	(勉強させる) 공부시키다	(愛させる) 사랑하게 하다
수동 (자발·가능·존경)	(ら)れる	(される) 하게 되다	(来られる) 오게 되다	(勉強される) 공부하게 되다	(愛される) 사랑하게 되다
공손	ます	(します) 합니다	(来ます) 옵니다	(勉強します) 공부합니다	(愛します) 사랑합니다
희망	たい	(したい) 하고 싶다	(来たい) 오고 싶다	(勉強したい) 공부하고 싶다	(愛したい) 사랑하고 싶다
종지(기본형)	。	(する) 하다.	(来る) 오다.	(勉強する) 공부하다.	(愛する) 사랑하다.
체언(명사)과 이어짐	人	(する)人 하는 사람	(来る)人 오는 사람	(勉強する)人 공부하는 사람	(愛する)人 사랑하는 사람
가정	れば	(すれば) 하면	(来れば) 오면	(勉強すれば) 공부하면	(愛すれば) 사랑하면
명령(구어체)	ろ	(しろ) 해라	(来い) 와라	(勉強しろ) 공부해라	(愛しろ) 사랑해라
(문장체)	よ	(せよ) 해라		(勉強せよ) 공부해라	(愛せよ) 사랑해라
권유·의지	よう	(しよう) 하자	(来よう) 오자	(勉強しよう) 공부하자	(愛しよう) 사랑하자
중지	て	(して) 하고	(来て) 오고	(勉強して) 공부하고	(愛して) 사랑하고
과거	た	(した) 했다	(来た) 왔다	(勉強した) 공부했다	(愛した) 사랑했다
추측	だろう	(するだろう) 하겠지	(来るだろう) 오겠지	(勉強するだろう) 공부하겠지	(愛するだろう) 사랑하겠지

unit 15

P. 105

명사

	보통체	
	현재형	과거형
긍정형	(会社員の姉) 회사원인 언니	(会社員だった姉) 회사원이었던 언니
부정형	(会社員ではない姉) 회사원이 아닌 언니	(会社員ではなかった姉) 회사원이 아니었던 언니

형용사

	보통체	
	현재형	과거형
긍정형	(寒い日) 추운 날	(寒かった日) 추웠던 날
부정형	(寒くない日) 춥지 않은 날	(寒くなかった日) 춥지 않았던 날

형용동사

	보통체	
	현재형	과거형
긍정형	(親切な人) 친절한 사람	(親切だった人) 친절했던 사람
부정형	(親切ではない人) 친절하지 않은 사람	(親切ではなかった人) 친절하지 않았던 사람

동사

	보통체	
	현재형	과거형
긍정형	(笑う人) 웃는 사람	(笑った人) 웃은 사람
부정형	(笑わない人) 웃지 않는 사람	(笑わなかった人) 웃지 않았던 사람

memo

memo

memo

memo